建筑业"营改增"实操手册

JIANZHUYE YINGGAIZENG

SHICAO SHOUCE

李华峰 ◎ 主编

中国电力出版社

CHINA ELECTRIC POWER PRESS

内 容 提 要

为了更好地贯彻国家"营改增"政策，适应工程造价和财务等领域的变革，我们组织相关专家对"营改增"政策进行研究解读，特编制本书。

本书内容分为建筑业"营改增"概述、企业财务实操、造价文件编制、造价管理四大部分，分别介绍"营改增"政策出台后的变革及工程实践工作中的变化。附录部分主要为北京地区"营改增"后工程造价计价文件汇编。

本书适用于建筑业及相关领域的经济、技术及管理工作人员，也可作为大中专院校培训教材。

图书在版编目（CIP）数据

建筑业"营改增"实操手册/李华峰主编. —北京：中国电力出版社，2016.8（2017.5 重印）
ISBN 978-7-5123-9657-9

Ⅰ. ①建… Ⅱ. ①李… Ⅲ. ①建筑企业-增值税-税收管理-中国-手册 Ⅳ. ①F812.423-62

中国版本图书馆 CIP 数据核字（2016）第 190189 号

中国电力出版社出版发行

北京市东城区北京站西街 19 号　100005　http：//www.cepp.sgcc.com.cn
责任编辑：未翠霞　　联系电话：010-63412611
责任印制：蔺义舟　　责任校对：朱丽芳
三河市航远印刷有限公司印刷·各地新华书店经售
2016 年 8 月第 1 版　2017 年 5 月北京第 3 次印刷
880 毫米×1230 毫米　32 开本　3.875 印张　106 千字
定价 **28.00** 元

前　言

2016年3月5日，国务院总理李克强在第十二届全国人民代表大会第四次会议上作政府工作报告时提出，今年全面实施"营改增"，从5月1日起，将试点范围扩大到建筑业、房地产业、金融业、生活服务业，并将所有企业新增不动产所含增值税纳入抵扣范围。

2016年3月18日召开的国务院常务会议决定，自2016年5月1日起，中国将全面推开"营改增"试点，将建筑业、房地产业、金融业、生活服务业全部纳入"营改增"试点，至此，营业税退出历史舞台，增值税制度将更加规范。这是自1994年分税制改革以来，财税体制的又一次深刻变革。

回顾"营改增"实施历史，可以分三个阶段。

第一阶段：部分行业部分地区。

2012年1月1日，率先在上海实施了交通运输业和部分现代服务业"营改增"试点；2012年9月1日至2012年12月1日，"营改增"试点由上海市分4批次扩大至北京、江苏、安徽、福建、广东、天津、浙江、湖北8省（市）。

第二阶段：部分行业全国范围。

2013年8月1日，"营改增"试点推向全国，同时将广播影视服务纳入试点范围；2014年1月1日，铁路运输业和邮政业在全国范围实施"营改增"试点；2014年6月1日，电信业在全国范围实施"营改增"试点。

第三阶段：所有行业。

从2016年5月1日起，将试点范围扩大到建筑业、房地产业、金融业、生活服务业，并将所有企业新增不动产所含增值税纳入抵扣范围，确保所有行业税负只减不增。

全面实施"营改增"，一方面实现了增值税对货物和服务的全覆盖，基本消除了重复征税，打通了增值税抵扣链条，促进了社会分工协作，有力地支持了服务业发展和制造业转型升级；另一方面将不动产纳入抵扣范围，比较完整地实现了规范的消费型增值税制度，有利于扩大企业投资，增强企业经营活力，有利于完善和延伸第二、第三产业增值税抵扣链条，促进第二、第三产业融合发展。此外，"营改增"还有利于增加就业岗位，有利于建立货物和劳务领域的增值税出口退税制度，全面改善我国的出口税收环境。

建筑业作为国民经济的主导产业之一，进行"营改增"势在必行，同时也是改革的重点行业之一。但由于建筑业拥有建设周期长、耗费资金大、生产环节烦琐、流转环节多等特点，因此"营改增"将面临诸多的问题和困难。

考虑到工程造价人员财务知识不足的实际情况，本书从"营改增"基础知识开始阐述，系统讲述"营改增"中涉及的税务、财务知识，使读者对"营改增"政策有更深刻的理解。同时对于财务工作者而言，我们介绍了工程造价基础知识，以及"营改增"具体操作流程，以便于对工程经济状况整体把握。学习过程中应注意与实际工作相联系，并与传统工作方式进行对比，深刻认识"营改增"给工作带来的影响，并适应公司的改革要求。

本书的特点是侧重于从基本知识入手，深入浅出，用通俗的语言解释严谨、干涩的原理和政策，使读者轻松学到知识，熟练运用到工作当中。对于现代社会而言，学无止境是我们在工作当中始终坚持的信念，只有通过不断的学习才能面对日益激烈的竞争，才能在工作中立于不败之地。

在编制过程中，因时间仓促，错误在所难免，如有不妥之处敬请读者提出宝贵意见。

编　者

目　录

第一章

建筑业"营改增"概述

第一节 税 收 基 础 知 识

一、我国的税种分类

税收种类简称"税种"（tax type），是指一国税收体系中的具体税收种类，是基本的课税单元。根据征税对象的不同可将税收划分成不同的种别。因此，不同的征税对象是一个税种区别于另一个税种的主要标志，税种的名称一般也以征税对象来命名。例如，对增值额课税的税种，称为增值税；对资源课税的税种，称为资源税等。

构成税种的主要因素有征税对象、纳税人、税目、税率、纳税环节、纳税期限等。这些要素有机地组合在一起构成具体的税种，各类税种有机地组合在一起构成一个国家的税收制度。每个税种都有其自身特定的功能和作用，其存在依赖于一定的客观经济条件。目前我国税收分为流转税、所得税、资源税、财产税、行为税五大类，共 19 种。

我国的税种分类标准主要包括如下几种。

1. 按课税对象为标准分类

（1）流转税：以商品生产流转额和非生产流转额为课税对象征收的一类税，是我国税制结构中的主体税类，包括增值税、消费税、营业税和关税等。

（2）所得税：又称收益税，是指以各种所得额为课税对象征收的一类税，是我国税制结构中的主体税类，包括企业所得税、个人所得税等。

（3）财产税：是指以纳税人所拥有或支配的财产为课税对象征收的一类税，包括遗产税、房产税、契税、车辆购置税和车船税等。

（4）行为税：是指以纳税人的某些特定行为为课税对象征收的一类税，诸如城市维护建设税、印花税等。

（5）资源税：是指对在我国境内从事资源开发的单位和个人征收的一类税，如资源税、土地增值税、耕地占用税和城镇土地使用税等。

2. 按税收的计算依据为标准分类

（1）从量税：是指以课税对象的数量（重量、面积、件数）为依据，按固定税额计征的一类税。从量税实行定额税率，具有计算简便等优点。如我国现行的资源税、车船税和土地使用税等。

（2）从价税：是指以课税对象的价格为依据，按一定比例计征的一类从价税。从价税实行比例税率和累进税率，税收负担比较合理。如我国现行的增值税、营业税、关税和各种所得税等。

（3）价内税：是指税款在应税商品价格内，作为商品价格一个组成部分的一类税。如我国现行的消费税、营业税和关税等。

（4）价外税：是指税款不在商品价格之内，不作为商品价格的一个组成部分的一类税。如我国现行的增值税（目前商品的价税合一并不能否认增值税的价外税性质）。

3. 按是否有单独的课税对象、独立征收为标准分类

（1）正税：指与其他税种没有连带关系，有特定的课税对象，并按照规定税率独立征收的税。征收附加税或地方附加，要以正税为依据。我国现行各个税种，如增值税、营业税、农业税等都是正税。

（2）附加税：是指随某种税收按一定比例加征的税。例如，外商投资企业和外国企业所得税规定，企业在按照规定的企业所得税率缴纳企业所得税的同时，应当另按应纳税所得额的3％缴纳地方所得税。该项缴纳的地方所得税，就是附加税。

4. 按税收征收权限和收入支配权限为标准分类

（1）中央税：是指由中央政府征收和管理使用或由地方政府征收后全部划归中央政府所有并支配使用的一类税。如我国现行的关税和消费税等。这类税一般收入较大，征收范围较广。

（2）地方税：是指由地方政府征收和管理使用的一类税。如我

国现行的个人所得税、屠宰税等。这类税一般收入稳定，并与地方经济利益关系密切。

（3）共享税：是指税收的管理权和使用权属中央政府和地方政府共同拥有的一类税。如我国现行的增值税和资源税等。这类税直接涉及中央与地方的共同利益。

5. 按税收的形态为标准分类

（1）实物税：是指纳税人以各种实物充当税款缴纳的一类税。如农业税。

（2）货币税：是指纳税人以货币形式缴纳的一类税。在现代社会中，几乎所有的税种都是货币税。

6. 以管辖的对象为标准分类

（1）国内税收：是指对本国经济单位和公民个人征收的各税。

（2）涉外税种：是指具有涉外关系的税收。

7. 按税率的形式为标准分类

（1）比例税：即对同一课税对象，不论数额多少，均按同一比例征税的税种。

（2）累进税：是指随着课税对象数额的增加而逐级提高税率的税种。包括全额累进税率、超额累进税率和超率累进税率。

（3）定额税：是指对每一单位的课税对象按固定税额征税的税种。

8. 按征收管理的分工体系为标准分类

（1）工商税类：由税务机关负责征收，以从事工业、商业和服务业的单位和个人为纳税人的各税种的总称，是我国现行税制的主体部分，具体包括增值税、消费税、营业税、资源税、企业所得税等。

（2）关税类：由海关负责征收，是对进出境的货物、物品征收的税种的总称，主要指进出口关税，以及对入境旅客行李物品和个人邮递物品征收的进口税。

二、营业税

营业税（Business tax），是流转税制中的一个税种，其课税范围和纳税依据可以是商品生产、商品流通、转让无形资产、销售不动产、提供应税劳务或服务等的营业额，特殊情况下也有不计价值而按商品流通数量或者服务次数等计税的。营业税涉及范围广，因而税源充足；且以营业额作为课税对象，实行简单的比例税率，税收收入不受纳税人营运成本、费用高低的影响，纳税人难于转嫁税负，使计税和征收方法简便直接，极具直接税的特征。

营业税是对在我国境内提供应税劳务、转让无形资产或销售不动产的单位和个人所取得的营业额征收的一种商品与劳务税。

与其他商品劳务税相比，营业税具有以下特点。

（1）一般以营业额全额为计税依据。

（2）营业税属传统商品劳务税，计税依据为营业额全额，税额不受成本、费用高低影响，对于保证财政收入的稳定增长具有十分重要的作用。

（3）按行业设计税目税率。营业税实行普遍征收，现行营业税征税范围为增值税征税范围之外的所有经营业务，税率设计的总体水平一般较低。但由于各种经营业务盈利水平不同，因此，在税率设计中，一般实行同一行业同一税率，不同行业不同税率，以体现公平税负、鼓励平等竞争的政策。

（4）计算简便，便于征管。由于营业税一般以营业收入额全额为计税依据，实行比例税率，税款随营业收入额的实现而实现，因此，计征简便，有利于节省征收费用。

在商品的生产和流通中，在最终到达商品的消费者和使用者手中之前，其所经过的环节越多，各环节所累计的营业额也越多，这就使按营业额计收的营业税有可能成为商品成本的主要增长因素。所以，在不同国家或同一国家不同的历史时期，营业税的课税范围是有所不同或有所变动的。我国自 2016 年 5 月 1 日起，建筑行业全面施行"营改增"，营业税也将逐渐退出历史舞台。

三、城市维护建设税

城市维护建设税（简称城建税），是我国为了加强城市的维护建设，扩大和稳定城市维护建设资金的来源，对有经营收入的单位和个人征收的一个税种。城市维护建设税以纳税人实际缴纳的产品税、增值税、营业税税额为计税依据，分别与产品税、增值税、营业税同时缴纳。

城市维护建设税的主要特点如下。

（1）税款专款专用，具有受益税性质。按照财政的一般性要求，税收及其他政府收入应当纳入国家预算，根据需要统一安排其用途，并不规定各个税种收入的具体使用范围和方向，否则也就无所谓国家预算。但是作为例外，也有个别税种事先明确规定使用范围与方向，税款的缴纳与受益更直接地联系起来，我们通常称其为受益税。城市维护建设税专款专用，用来保证城市的公共事业和公共设施的维护和建设，是一种具有受益税性质的税种。

（2）属于一种附加税。城市维护建设税与其他税种不同，没有独立的征税对象或税基，而是以增值税、消费税、营业税"三税"实际缴纳的税额之和为计税依据，随"三税"同时附征，本质上属于一种附加税。

（3）根据城建规模设计税率。一般来说，城镇规模越大，所需要的建设与维护资金就越多。与此相适应，城市维护建设税规定，纳税人所在地为城市市区的，税率为7%；纳税人所在地为县城、建制镇的，税率为5%；纳税人所在地为以上两地以外的，税率为1%。这种根据城镇规模不同，差别设置税率的办法，较好地照顾了城市建设的不同需要。

（4）征收范围较广。鉴于增值税、消费税、营业税在我国现行税制中属于主体税种，而城市维护建设税又是其附加税，原则上讲，只要缴纳增值税、消费税、营业税中任一税种的纳税人都要缴纳城市维护建设税。这也就等于说，除了减免税等特殊情况以外，任何从事生产经营活动的企业单位和个人都要缴纳城市维护建设税，征税范围是比较广的。

城市维护建设税的计算公式为

城市维护建设税应纳税额＝（增值税＋消费税＋营业税）×适用税率

四、教育费附加与地方教育附加

教育费附加是对缴纳增值税、消费税、营业税的单位和个人征收的一种附加费。其作用是发展地方性教育事业，扩大地方教育经费的资金来源。教育费附加的征收率为3%。与城市维护建设税类似，其计税依据也是以纳税人实际缴纳的产品税、增值税、营业税税额为计税依据。

教育费附加的计算公式为

$$教育费附加应纳税额=（实际缴纳的增值税、消费税、营业税三税税额）\times 3\%$$

地方教育附加是指各省、自治区、直辖市根据国家有关规定，为实施"科教兴省"战略，增加地方教育的资金投入，促进各省、自治区、直辖市教育事业发展，开征的一项地方政府性基金。该收入主要用于各地方的教育经费的投入补充。按照地方教育附加使用管理规定，在各省、自治区、直辖市的行政区域内，凡缴纳增值税、消费税、营业税的单位和个人，都应按规定缴纳地方教育附加税。

地方教育附加以单位和个人实际缴纳的增值税、消费税、营业税的税额为计征依据。

国务院决定从 2010 年 12 月 1 日起，统一内外资企业和个人城市维护建设税和教育费附加制度，教育费附加统一按增值税、消费税、营业税实际缴纳税额的 3% 征收；地方教育附加统一按增值税、消费税、营业税实际缴纳税额的 2% 征收。

第二节　增值税基础知识

一、增值税简介

增值税（value—added tax）是以商品（含应税劳务）在流转过程中产生的增值额作为计税依据而征收的一种流转税。从计税原理上说，增值税是对商品生产、流通、劳务服务中多个环节的新增价值或商品的附加值征收的一种流转税。增值税实行价外税，即由消费者负担，有增值才征税，没增值不征税。

在现实当中，商品新增价值或附加值在生产和流通过程中是很难准确计算的。因此，我国采用国际上普遍采用的税款抵扣的办法，即根据销售商品或劳务的销售额，按规定的税率计算出销售税额，然后扣除取得该商品或劳务时所支付的增值税款，也就是进项税额，其差额就是增值部分应交的税额。这种计算方法体现了按增值因素计税的原则。

增值税征收通常包括生产、流通或消费过程中的各个环节，是基于增值额或价差为计税依据的中性税种，理论上包括农业各个产业领域（种植业、林业和畜牧业）、采矿业、制造业、建筑业、交通和商业服务业等，或者按原材料采购、生产制造、批发、零售与消费各个环节。

二、纳税对象

从事增值税应税行为的一切单位、个人以及虽不从事增值税应税行为但负有代扣增值税义务的扣缴义务人都是增值税的纳税义务人。

由于增值税实行凭增值税专用发票抵扣税款的制度，因此对纳税人的会计核算水平要求较高，要求能够准确核算销项税额、进项税额和应纳税额。但实际很难达到这一要求，因此，国家规定将纳税人按其经营规模大小以及会计核算是否健全划分为一般纳税人和小规模纳税人。

（1）应税行为的年应征增值税销售额（以下简称年应税销售额）超过财政部和国家税务总局规定标准的纳税人为一般纳税人；反之，为小规模纳税人。

（2）年应税销售额未超过规定标准的纳税人，会计核算健全、能够提供准确税务资料的，可以向主管税务机关办理一般纳税人资格登记，成为一般纳税人。

（3）会计核算健全，是指能够按照国家统一的会计制度规定设置账簿，根据合法、有效凭证核算相关账务。

（4）建筑业年应税销售额500万元以上（含500万元），属于一般纳税人；年应税销售额500万元以下，属于小规模纳税人。

（5）符合一般纳税人条件的纳税人应当向主管税务机关办理一般纳税人资格登记。具体登记办法由国家税务总局制定。

（6）除国家税务总局另有规定外，一经登记为一般纳税人后，不得转为小规模纳税人。

三、相关手续

1. 申请

纳税人应当向主管国家税务机关提出书面申请报告，并提供合格办税人员证书，连续 12 个月销售（营业）额等有关证件、资料，分支机构还应提供总机构的有关证件或复印件，领取《增值税一般纳税人申请认定表》，一式三份。

2. 填表

纳税人应当按照《增值税一般纳税人申请认定表》所列项目，逐项如实填写，于 10 个工作日内将《增值税一般纳税人申请认定表》报送主管国家税务机关。

3. 报批

纳税人报送的《增值税一般纳税人申请认定表》和提供的有关证件、资料，经主管国家税务机关审核、报有权国家税务机关批准后，在其《税务登记证》副本首页加盖"增值税一般纳税人"确认专章。纳税人按照规定的期限到主管国家税务机关领取一般纳税人税务登记证副本。

已认定为一般纳税人的企业如无下列行为，即使某一年度的应税销售额达不到标准，通常也不取消其一般纳税人资格。

（1）虚开增值税专用发票或者有偷、骗、抗税行为；连续 3 个月未申报或者连续 6 个月纳税申报异常且无正当理由；不按规定保管、使用增值税专用发票、税控装置，造成严重后果。

（2）对于刚成为一般纳税人的商贸企业（包括小规模纳税人转为一般纳税人）须经过一个纳税辅导期才能成为正式的一般纳税人，辅导期一般不少于 6 个月。辅导期内税务部门将对其进行较严格的管理，包括限制每月的专用发票申购数量，如需超额申购的，要按前次已领购并开具的专用发票销售额，向主管税务机关预缴 4% 的增值税款等。

（3）辅导期达到 6 个月后，税务机关应对其进行全面评审，如同时符合下列条件，可认定为正式一般纳税人：纳税评估的结论正常，约谈、实地查验的结果正常，企业申报、缴纳税款正常，企业能够准确核算进项、销项税额，并正确取得和开具专用发票和其他合法的进项税额抵扣凭证，凡不符合上述条件之一的，主管税务机关可延长其纳税辅导期或者取消其一般纳税人资格。

四、计税方法

增值税的计税方法，包括一般计税方法和简易计税方法。

1. 一般纳税人发生应税行为适用一般计税方法计税

一般纳税人发生财政部和国家税务总局规定的特定应税行为，可以选择适用简易计税方法计税，但一经选择，36个月内不得变更。

销项税额，是指纳税人发生应税行为按照销售额和增值税税率计算并收取的增值税额。其计算公式为

$$销项税额＝销售额×税率$$

一般计税方法的销售额不包括销项税额，当纳税人采用销售额和销项税额合并定价的方法时，其计算公式为

$$销售额＝含税销售额/(1＋税率)$$

进项税额，是指纳税人购进货物、加工修理修配劳务、服务、无形资产或者不动产，支付或者负担的增值税额。

一般计税方法应纳税额的计算公式为

$$一般计税方法应纳税额＝当期销项税额－当期进项税额$$

2. 小规模纳税人发生应税行为适用简易计税方法计税

简易计税方法的应纳税额，是指按照销售额和增值税征收率计算的增值税额，不得抵扣进项税额。简易计税方法的销售额不包括其应纳税额，当纳税人采用销售额和应纳税额合并定价的方法时，其计算公式为

$$销售额＝含税销售额/(1＋征收率)$$

应纳税额的计算公式为

$$应纳税额＝销售额×征收率$$

五、税率与征收率

1. 一般纳税人

（1）一般纳税人适用的税率有17％、11％、6％、0％等，具体不同行业适应的税率如下。

1）纳税人发生应税行为，除本条第2）项、第3）项、第4）项规定外，税率为6％。

2）提供交通运输、邮政、基础电信、建筑、不动产租赁服务，销售不动产，转让土地使用权，税率为11％。

3）提供有形动产租赁服务，税率为17％。

4）境内单位和个人发生的跨境应税行为，税率为0％。

（2）特殊要求。

1）一般纳税人销售自产的下列货物，可选择按照简易办法依照3%征收率计算缴纳增值税。

① 县级及县级以下小型水力发电单位生产的电力。小型水力发电单位是指各类投资主体建设的装机容量为5万kW以下（含5万kW）的小型水力发电单位。

② 建筑用和生产建筑材料所用的砂、土、石料。

③ 以自己采掘的砂、土、石料或其他矿物连续生产的砖、瓦、石灰（不含黏土实心砖、瓦）。

④ 用微生物、微生物代谢产物、动物毒素、人或动物的血液或组织制成的生物制品。

⑤ 自来水。

⑥ 商品混凝土（仅限于以水泥为原料生产的水泥混凝土）。

2）一般纳税人销售以下物品，暂按简易办法依照3%征收率计算缴纳增值税。

① 寄售商店代销寄售物品（包括居民个人寄售的物品在内）。

② 典当业销售死当物品。

③ 经国务院或国务院授权机关批准的免税商店零售的免税品。

3）一般纳税人销售自己使用过的属于《中华人民共和国增值税暂行条例》第十条规定不得抵扣且未抵扣进项税额的固定资产，按照简易办法依照3%征收率减按2%征收增值税。

2. 小规模纳税人

（1）小规模纳税人适用征收率，征收率为3%。

（2）特殊要求。小规模纳税人销售自己使用过的固定资产，减按2%征收率征收增值税。

六、增值税与营业税区别

（1）征收范围不同：凡是销售不动产、提供劳务（不包括加工修理修配）、转让无形资产的缴纳营业税。凡是销售动产、提供加工修理修配劳务的缴纳增值税。

（2）计税依据不同：增值税是价外税，营业税是价内税。所以在计算增值税时应当先将含税收入换算成不含税收入，即计算增值税的收入应当为不含税的收入，而营业税则是直接用收入乘以税率即可。

（3）两者是没有交集的。增值税征收范围是在中华人民共和国境内销售的货物或者提供的加工、修理修配劳务以及进口的货物。营业税征收范围是指纳税人在中华人民共和国境内所提供的应税劳务、转让无形资产和销售不动产。

（4）税率不同。对于建筑行业来说，营业税税率3％固定不变；对于增值税小规模纳税人来说，增值税的征收率为3％；对于增值税一般纳税人来说，增值税的税率为11％。

七、增值税发票

增值税发票分为增值税专用发票与增值税普通发票，两者有很大的区别，具体如下。

1. 联次不同

增值税专用发票有四联：第一联为存根联（用于留存备查），第二联为发票联（用于购买方记账），第三联为抵扣联（用作购买方的扣税凭证），第四联为记账联（用于销售方记账）。增值税普通发票有三联：第一联为存根联，第二联为发票联，第三联为记账联。

2. 印制要求不同

根据新的《税收征管法》规定："增值税专用发票由国务院税务主管部门指定的企业印制；其他发票，按照国务院主管部门的规定，分别由省、自治区、直辖市国家税务局、地方税务局指定企业印制。未经前款规定的税务机关指定，不得印制发票。"

3. 发票使用人不同

增值税专用发票一般只能由增值税一般纳税人领购使用，小规模纳税人需要使用的，只能经税务机关批准后由当地的税务机关代开；普通发票则可以由从事经营活动并办理了税务登记的各种纳税人领购使用，未办理税务登记的纳税人也可以向税务机关申请领购使用普通发票。

4. 内容不同

增值税专用发票除了具备购买单位、销售单位、商品或者服务的名称、商品或者劳务的数量和计量单位、单价和价款、开票单位、收款人、开票日期等普通发票所具备的内容外，还包括纳税人税务登记号、不含增值税金额、适用税率、应纳增值税额等内容；普通发票中则没有关于增值税方面的内容。

5. 作用不同

增值税专用发票可以抵扣进项税，增值税普通发票不可以抵扣进项税。

第三节　建筑业"营改增"基本规定

一、建筑服务税目

建筑服务的征税范围，依照《关于全面推开营业税改征增值税试点的通知》（财税〔2016〕36 号）附的《销售服务、无形资产或者不动产注释》执行。

建筑服务，是指各类建筑物、构筑物及其附属设施的建造、修缮、装饰，线路、管道、设备、设施等的安装以及其他工程作业的业务活动，包括工程服务、安装服务、修缮服务、装饰服务和其他建筑服务。

1. 工程服务

工程服务，是指新建、改建各种建筑物、构筑物的工程作业，包括与建筑物相连的各种设备或者支柱、操作平台的安装或者装设工程作业，以及各种窑炉和金属结构工程作业。

2. 安装服务

安装服务，是指生产设备、动力设备、起重设备、运输设备、传动设备、医疗实验设备以及其他各种设备、设施的装配、安置工程作业，包括与被安装设备相连的工作台、梯子、栏杆的装设工程作业，以及被安装设备的绝缘、防腐、保温、油漆等工程作业。

固定电话、有线电视、宽带、水、电、燃气、暖气等经营者向用户收取的安装费、初装费、开户费、扩容费以及类似收费，按照安装服务缴纳增值税。

3. 修缮服务

修缮服务，是指对建筑物、构筑物进行修补、加固、养护、改善，使之恢复原来的使用价值或者延长其使用期限的工程作业。

4. 装饰服务

装饰服务，是指对建筑物、构筑物进行修饰装修，使之美观或者具有特定用途的工程作业。

5. 其他建筑服务

其他建筑服务，是指除上列工程作业之外的各种工程作业服务，如钻井（打井）、拆除建筑物或者构筑物、平整土地、园林绿化、疏浚（不包括航道疏浚）、建筑物平移、搭脚手架、爆破、矿山穿孔、表面附着物（包括岩层、土层、沙层等）剥离和清理等工程作业。

二、税率与征收率

1. 建筑服务税率与征收率

一般纳税人适用税率为 11%；小规模纳税人提供建筑服务，以及一般纳税人提供的可选择简易计税方法的建筑服务，征收率为 3%。

建筑工程造价的计算公式为

工程造价＝税前工程造价×（1＋税率或征收率）

2. 建筑常用材料税率

以北京地区为例，常用建筑材料税率和征收率见表 1-1。

表 1-1　　　　　　常用建筑材料税率和征收率

序号	税目	税率	征收率	备注
（一）	1. 出口货物，国务院另有规定的除外 2. 直接用于科学研究、科学实验和教学的进口仪器、设备	0%		
（二）	煤炭、自来水	13%		
（三）	销售自产的下列货物 1. 建筑用和生产建筑材料所用的砂、土、石料 2. 以自己采掘的砂、土、石料或其他矿物连续生产的砖、瓦、石灰（不含黏土实心砖、瓦） 3. 商品混凝土（仅限于以水泥为原料生产的水泥混凝土）		3%	本信息价格中具体对应的材料有：白灰、砂、碎石、豆石、天然砂石、浮石、普通混凝土、抗渗混凝土及细石混凝土

续表

序号	税目	税率	征收率	备注
(四)	"北京工程造价信息"中除以上(一)、(二)、(三)项的剩余材料、设备	17%		
(五)	提供有形动产租赁服务	17%		
(六)	提供交通运输业服务	11%		

三、材料、机械设备除税计算

(1)建筑工程造价中的材料费包括材料原件材料(设备)原价、运杂费、运输损耗费和采购及保管费,但人防门、钢构件、钢筋混凝土预制构件不含运杂费。上述所说的增值税税率或征收率,只是针对与材料原件而言,其他部分调整方法见表1-2。

表1-2 增值税税率或征收率其他调整方法

序号	组成内容	调整方法及适用税率
1	材料原价	以购进货物适用的税率(17%、13%)或征收率(3%)扣减
2	运杂费	以接受交通运输业服务适用税率11%扣减
3	运输损耗费	运输过程所发生损耗增加费,以运输损耗率计算,随材料原价和运杂费扣减而扣减
4	采购及保管费	主要包括材料的采购、供应和保管部门工作人员工资、办公费、差旅交通费、固定资产使用费、工具用具使用费及材料仓库存储损耗费等。以费用水平(发生额)"营改增"前后无显著变化为前提,参照本方案现行企业管理费调整分析测定可扣除费用比例和扣减系数调整采购及保管费,费率一般适当调增

下面以水泥为例,简单介绍材料除税价格的计算,见表1-3。

表1-3 材料除税价格计算

单位:元

材料名称	价格形式	单价	原价	运杂费	运输费损耗	采购及保管费	平均税率(%)
32.5级水泥	含税价格	319.48	285.93	25	1.55	7	(319.48-274.90)/274.90=16.22
	不含税价格	274.90	285.93/1.17=244.38	25/1.11=22.52	1.33	7.00×(70%+30%/1.17)=6.69	

（2）机械设备除税计算。建筑工程造价中的机具使用费包括不变费用和可变费用。不变费用包括折旧费、大修理费、经常修理费、安装拆卸及辅助设施费等。

可变费用包括机上台班人工费、动力燃料费、养路费及车船使用税等，具体计算调整方法见表1-4。

表1-4　　　　　可变费用计算调整方法及适用税率

序号	组成内容	调整方法及适用税率
1	台班折旧费	以购进货物适用的税率17%扣减或相应征收率扣减
2	台班大修费	以接受修理修配劳务适用的税率17%扣减
3	台班经常修理费	考虑部分外修和购买零配件费用，以接受修理修配劳务和购进货物适用的税率17%扣减；自修部分不考虑扣减
4	台班安拆费	按自行安拆考虑，一般不予扣减
5	台班场外运输费	以接受交通运输业服务适用税率11%扣减
6	台班人工费	组成内容为工资总额，不予扣减
7	台班燃料动力费	以购进货物适用的相应税率或征收率扣减，其中自来水税率13%或征收率3%，县级及县级以下小型水力发电单位生产的电力征收率3%，其他燃料动力的适用税率一般为17%
8	台班车船税费	税收费用，不予扣减

下面以履带式液压单斗挖掘机为例，简单介绍机械设备除税价格的计算，见下表1-5。

表1-5　　　　　机械设备除税价格计算　　　　单位：元

机械名称	价格形式	台班单价	折旧费	大修理费	经常修理费	安拆费及场外运输费	人工费	燃料动力费	平均税率（%）
履带式液压单斗挖掘机 1m³	含税价格	1088	286	75	158	0	127	442	(1088−955)/955=13.9
	不含税价格	955	286/1.17=244	75/117=64	158×(30%+70%/1.17)=142	0×(40%+60%/1.11)=0	127	442/1.17=378	

四、纳税地点

1. 固定业户纳税人

属于固定业户的纳税人提供建筑服务应当向其机构所在地或者

居住地的主管税务机关申报纳税。总机构和分支机构不在同一县（市）的，应当分别向各自所在地的主管税务机关申报纳税；经财政部和国家税务总局或者其授权的财政与税务机关批准，可以由总机构汇总向总机构所在地的主管税务机关申报纳税。

属于固定业户的试点纳税人，总分支机构不在同一县（市），但在同一省（自治区、直辖市、计划单列市）范围内的，经省（自治区、直辖市、计划单列市）财政厅（局）和国家税务局批准，可以由总机构汇总向总机构所在地的主管税务机关申报缴纳增值税。

扣缴义务人应当向其机构所在地或者居住地主管税务机关申报缴纳扣缴的税款。

2. 异地预缴规定

（1）一般纳税人跨县（市）提供建筑服务，适用一般计税方法计税的，应以取得的全部价款和价外费用为销售额计算应纳税额。纳税人应以取得的全部价款和价外费用扣除支付的分包款后的余额，按照2%的预征率在建筑服务发生地预缴税款后，向机构所在地主管税务机关进行纳税申报。

（2）一般纳税人跨县（市）提供建筑服务，选择适用简易计税方法计税的，应以取得的全部价款和价外费用扣除支付的分包款后的余额为销售额，按照3%的征收率计算应纳税额。纳税人应按照上述计税方法在建筑服务发生地预缴税款后，向机构所在地主管税务机关进行纳税申报。

（3）小规模纳税人跨县（市）提供建筑服务，应以取得的全部价款和价外费用扣除支付的分包款后的余额为销售额，按照3%的征收率计算应纳税额。纳税人应按照上述计税方法在建筑服务发生地预缴税款后，向机构所在地主管税务机关进行纳税申报。

五、申报时间

增值税纳税申报时间与主管国税机关核定的纳税期限是相联系的。

增值税的纳税期限分别为1日、3日、5日、10日、15日、1个月或者1个季度。

以1个月或者1个季度为一个纳税期的纳税人，自期满之日起

15 日内申报纳税；以 1 日、3 日、5 日、10 日或 15 日为一个纳税期的纳税人，自期满之日起 5 日内预缴税款，次月 1 日至 15 日申报并结清上月应纳税款。以 1 个季度为纳税期限的规定仅适用于小规模纳税人。

增值税固定业户向机构所在地税务机关申报纳税，增值税非固定业户向销售地税务机关申报纳税。

六、增值税进项税额抵扣

1. 增值税抵扣凭证

纳税人取得的增值税扣税凭证不符合法律、行政法规或者国家税务总局有关规定的，其进项税额不得从销项税额中抵扣。

增值税扣税凭证，是指增值税专用发票、海关进口增值税专用缴款书、农产品收购发票、农产品销售发票和完税凭证。

纳税人凭完税凭证抵扣进项税额的，应当具备书面合同、付款证明和境外单位的对账单或者发票。资料不全的，其进项税额不得从销项税额中抵扣。

2. 准予从销项税额中抵扣的进项税额

（1）从销售方取得的增值税专用发票（含税控机动车销售统一发票，下同）上注明的增值税额。

（2）从海关取得的海关进口增值税专用缴款书上注明的增值税额。

（3）购进农产品，除取得增值税专用发票或者海关进口增值税专用缴款书外，按照农产品收购发票或者销售发票上注明的农产品买价和 13% 的扣除率计算的进项税额。其计算公式为

$$进项税额＝买价×扣除率$$

买价，是指纳税人购进农产品在农产品收购发票或者销售发票上注明的价款和按照规定缴纳的烟叶税。

购进农产品，按照《农产品增值税进项税额核定扣除试点实施办法》抵扣进项税额的除外。

（4）从境外单位或者个人购进服务、无形资产或者不动产，自税务机关或者扣缴义务人取得的解缴税款的完税凭证上注明的增值税额。

3. 不得从销项税额中抵扣的进项税额

（1）用于简易计税方法计税项目、免征增值税项目、集体福利或者个人消费的购进货物、加工修理修配劳务、服务、无形资产和不动产。其中涉及的固定资产、无形资产、不动产，仅指专用于上述项目的固定资产、无形资产（不包括其他权益性无形资产）、不动产。

纳税人的交际应酬消费属于个人消费。

（2）非正常损失的购进货物，以及相关的加工修理修配劳务和交通运输服务。

（3）非正常损失的在产品、产成品所耗用的购进货物（不包括固定资产）、加工修理修配劳务和交通运输服务。

（4）非正常损失的不动产，以及该不动产所耗用的购进货物、设计服务和建筑服务。

（5）非正常损失的不动产在建工程所耗用的购进货物、设计服务和建筑服务。

纳税人新建、改建、扩建、修缮、装饰不动产，均属于不动产在建工程。

（6）购进的旅客运输服务、贷款服务、餐饮服务、居民日常服务和娱乐服务。

（7）财政部和国家税务总局规定的其他情形。

本条第（4）项、第（5）项所称货物，是指构成不动产实体的材料和设备，包括建筑装饰材料和给排水、采暖、卫生、通风、照明、通信、煤气、消防、中央空调、电梯、电气、智能化楼宇设备及配套设施。

只有登记为增值税一般纳税人的建筑服务单位才涉及增值税进项税额抵扣。

七、建筑行业"营改增"过渡政策

一般纳税人为建筑工程老项目提供的建筑服务，可以选择适用简易计税方法计税。具体包括以下两个方面。

（1）《建筑工程施工许可证》注明的合同开工日期在 2016 年 4 月 30 日前的建筑工程项目。

（2）未取得《建筑工程施工许可证》的，建筑工程承包合同注明的开工日期在 2016 年 4 月 30 日前的建筑工程项目。

根据各地方规定，因建筑行业此前采用的是营业税模式计算工程造价，为了简化过渡期间的计价方式，大部分地区规定老项目可按原合同价或"营改增"调整前的计价依据。

第四节 "营改增"最新政策解读

一、"营改增"政策解读

"营改增"自实施以来，行业内人士普遍认为建筑业、房地产业、金融业和生活服务业的"营改增"是"最难啃的骨头"。这四大行业纳入"营改增"，标志着中国税制改革迈出了实质性的一大步。自此，营业税完成了历史使命，增值税以全新的面貌登上了中国税制的舞台。伴随着 2016 年 5 月 1 日"营改增"全面推开，中国将成为世界上拥有最先进增值税制度的国家之一。

"营改增"自 5 月 1 日起全面推行，试点范围扩大到建筑业、房地产业、金融业和生活服务业，并将所有企业新增不动产所含增值税纳入抵扣范围，确保所有行业税负只减不增。什么是"营改增"？"营改增"之后有哪些影响？详情如下。

1. "营改增"的含义

"营改增"就是营业税改增值税。

增值税是对在我国境内销售货物、提供加工、修理修配劳务以及进口货物的单位和个人，就其取得的增值额为计算依据征收的一种税。

营业税是对在我国境内提供应税劳务、转让无形资产、销售不动产的单位和个人，就其取得的营业收入征收的一种税。

2. "营改增"的实施

（1）避免了营业税重复征税、不能抵扣、不能退税的弊端、能有效降低企业税负。

（2）把营业税的"价内税"变成了增值税的"价外税"，形成了增值税进项和销项的抵扣关系，从深层次影响产业结构。

3. "营改增" 的范围

（1）扩大试点行业范围。将建筑业、金融业、房地产业和生活服务业纳入 "营改增" 范围。

（2）将不动产纳入抵扣。部分行业增值税与现行营业税税率表述如下。

1）建筑业：增值税税率 11%，现行营业税税率 3%。

2）房地产业：增值税税率 11%，现行营业税税率 5%。

3）金融业：增值税税率 6%，现行营业税税率 5%。

4）生活服务业：增值税税率 6%，现行营业税税率 5%。但特定的娱乐业适用 3%～20% 的税率。

注意："营改增" 政策实施后，增值税税率实行 5 级制（17%、13%、11%、6%、0%），小规模纳税人，可选择简易计税方法征收 3% 的增值税。

对于许多在中国从事经营活动的企业来说，非常关注新的增值税税率对其税负的影响是正是负。根据中国国际金融有限公司（中国首家合资投资银行）的报告，当所有行业完成 "营改增" 后，企业从增值税改革中得到的节税额预计将达到 9000 亿元人民币，约为国内生产总值的 0.4%。

二、财政部关于 "营改增" 解释

最近财政部部长楼继伟在 2016 年 3 月 7 日的新闻发布会上提道：虽然在目前宏观经济环境下，政府致力于减轻税负，但这并不意味着所有企业税负都将降低。在很多情况下，单个企业的税负是减轻还是增加，是受其自身增值税管理情况，以及其与客户、供应商的商业谈判能力影响的。

以下是财政部关于 "营改增" 政策的部分解释。

问："营改增" 试点范围中的 "建筑服务" 包括哪些内容？

答：按照《财政部 国家税务总局关于全面推开营业税改征增值税试点的通知》（财税〔2016〕36 号）的规定，建筑服务是指各类建筑物、构筑物及其附属设施的建造、修缮、装饰，线路、管道、设备、设施等的安装以及其他工程作业的业务活动，包括工程服务、安装服务、修缮服务、装饰服务和其他建筑服务。

问："建筑服务"的适用税率和征收率是怎么规定的？

答：按照《财政部 国家税务总局关于全面推开营业税改征增值税试点的通知》（财税〔2016〕36 号）的规定，一般纳税人适用税率为 11％；小规模纳税人提供建筑服务，以及一般纳税人选择简易计税方法的建筑服务，征收率为 3％。境内的购买方为境外单位和个人扣缴增值税的，按照适用税率扣缴增值税。

问：试点纳税人提供建筑服务适用简易计税方法的销售额是怎么确定的？

答：根据《财政部 国家税务总局关于全面推开营业税改征增值税试点的通知》（财税〔2016〕36 号）的规定，试点纳税人提供建筑服务适用简易计税方法的，以取得的全部价款和价外费用扣除支付的分包款后的余额为销售额。

问：一般纳税人以清包工方式提供的建筑服务，能否选择适用简易计税方法计税？

答：根据《财政部 国家税务总局关于全面推开营业税改征增值税试点的通知》（财税〔2016〕36 号）的规定，一般纳税人以清包工方式提供的建筑服务，可以选择适用简易计税方法计税。

以清包工方式提供建筑服务，是指施工方不采购建筑工程所需的材料或只采购辅助材料，并收取人工费、管理费或者其他费用的建筑服务。

问：一般纳税人为甲供工程提供的建筑服务，能否选择适用简易计税方法计税？

答：根据《财政部 国家税务总局关于全面推开营业税改征增值税试点的通知》（财税〔2016〕36 号）的规定，一般纳税人为甲供工程提供的建筑服务，可以选择适用简易计税方法计税。

甲供工程，是指全部或部分设备、材料、动力由工程发包方自行采购的建筑工程。

问：一般纳税人为建筑工程老项目提供的建筑服务，能否选择适用简易计税方法计税？

答：根据《财政部 国家税务总局关于全面推开营业税改征增值税试点的通知》（财税〔2016〕的 36 号）的规定，一般纳税人为建筑工程老项目提供的建筑服务，可以选择适用简易计税方法计税。

问：试点纳税人跨县（市、区）提供建筑服务应如何缴纳增值税？

答：试点纳税人跨县（市、区）提供建筑服务，应按照财税〔2016〕36号文件规定的纳税义务发生时间和计税方法，向建筑服务发生地主管国税机关预缴税款，向机构所在地主管国税机关申报纳税。

问：一般纳税人跨县（市、区）提供建筑服务，如何预缴增值税？

答：根据国家税务总局2016年第17号公告规定，一般纳税人跨县（市、区）提供建筑服务，有两种不同的预缴方式。

（1）选择适用一般计税方法计税的，应以取得的全部价款和价外费用为销售额计算应纳税额。纳税人应以取得的全部价款和价外费用扣除支付的分包款后的余额，按照2％的预征率在建筑服务发生地预缴税款。其计算公式为

应预缴税款＝（全部价款和价外费用－支付的分包款)/(1＋11％)×2％

（2）选择适用简易计税方法计税的，应以取得的全部价款和价外费用扣除支付的分包款后的余额为销售额，按照3％的征收率计算应纳税额。纳税人应按照上述计税方法在建筑服务发生地预缴税款。其计算公式为

应预缴税款＝（全部价款和价外费用－支付的分包款)/(1＋3％)×3％

问：可以扣除分包款的合法有效凭证是什么？

答：根据国家税务总局2016年第17号公告规定，合法有效凭证包括如下。

（1）从分包方取得的2016年4月30日前开具的建筑业营业税发票。上述建筑业营业税发票在2016年6月30日前可作为预缴税款的扣除凭证。

（2）从分包方取得的2016年5月1日后开具的，备注栏注明建筑服务发生地所在县（市、区）、项目名称的增值税发票。

（3）国家税务总局规定的其他凭证。

问：纳税人跨县（市、区）提供建筑服务，预缴的增值税税款

当期抵减不完该如何处理？

答：根据国家税务总局 2016 年第 17 号公告规定，纳税人跨县（市、区）提供建筑服务，向建筑服务发生地主管国税机关预缴的增值税税款，可以在当期增值税应纳税额中抵减，抵减不完的，结转下期继续抵减。

问：小规模纳税人跨县（市、区）提供建筑服务，如何预缴增值税？

答：根据国家税务总局 2016 年第 17 号公告规定，小规模纳税人跨县（市、区）提供建筑服务，应以取得的全部价款和价外费用扣除支付的分包款后的余额为销售额，按照 3% 的征收率计算应纳税额。纳税人应按照上述计税方法在建筑服务发生地预缴税款后，向机构所在地主管税务机关进行纳税申报。其计算公式为

应预缴税款＝（全部价款和价外费用－支付的分包款）/（1＋3%）×3%

问：纳税人跨省（自治区、直辖市或者计划单列市）提供建筑服务，申报纳税的增值税额小于已预缴的增值税税额，近期抵减不完该怎么处理？

答：根据《财政部 国家税务总局关于全面推开营业税改征增值税试点的通知》（财税〔2016〕36 号）的规定，一般纳税人跨省（自治区、直辖市或者计划单列市）提供建筑服务，在机构所在地申报纳税时，计算的应纳税额小于已预缴税额，且差额较大的，由国家税务总局通知建筑服务发生地省级税务机关，在一定时期内暂停预缴增值税。

问：小规模纳税人跨县（市、区）提供建筑服务如何开具发票？

答：根据国家税务总局 2016 年第 17 号公告规定，小规模纳税人跨县（市、区）提供建筑服务，不能自行开具增值税发票的，可向建筑服务发生地主管国税机关按照其取得的全部价款和价外费用申请代开增值税发票。

问："营改增"试点纳税人中其他个人提供建筑服务的增值税纳税地点该如何确定？

答：按照《财政部 国家税务总局关于全面推开营业税改征增值税试点的通知》（财税〔2016〕36 号）的规定，其他个人提供建筑服

务，应向建筑服务发生地主管税务机关申报纳税。

问："营改增"试点前后发生的相关业务应如何处理？

答："营改增"试点前后，纳税人发生以下应税行为，可按照《财政部 国家税务总局关于全面推开营业税改征增值税试点的通知》（财税〔2016〕36 号）的规定处理。

（1）试点纳税人发生应税行为，按照国家有关营业税政策规定差额征收营业税的，因取得的全部价款和价外费用不足以抵减允许扣除项目金额，截至纳入"营改增"试点之日前尚未扣除的部分，不得在计算试点纳税人增值税应税销售额时抵减，应当向原主管地税机关申请退还营业税。

（2）试点纳税人发生应税行为，在纳入"营改增"试点之日前已缴纳营业税，"营改增"试点后因发生退款减除营业额的，应当向原主管地税机关申请退还已缴纳的营业税。

（3）试点纳税人纳入"营改增"试点之日前发生的应税行为，因税收检查等原因需要补缴税款的，应按照营业税政策规定补缴营业税。

问：小规模纳税人提供建筑服务可以享受什么优惠政策？

答：增值税小规模纳税人提供建筑服务，月销售额不超过 3 万元（按季纳税 9 万元）的，自 2016 年 5 月 1 日起至 2017 年 12 月 31 日，可享受小微企业暂免征收增值税优惠政策。

问：境内建筑企业提供跨境服务享受什么优惠政策？

答：境内的单位和个人销售的下列服务和无形资产免征增值税，但财政部和国家税务总局规定适用增值税零税率的除外。

（1）工程项目在境外的建筑服务。

（2）工程项目在境外的工程监理服务。

（3）工程、矿产资源在境外的工程勘察勘探服务。

第五节 "营改增"对建筑行业的影响

一、增值税对建筑行业的影响

"营改增"对于建筑行业影响无疑是巨大的，这其中既有机遇也有挑战，究其对建筑业影响的根源主要有以下几点。

（1）增值税是价外税：即价和税分开核算。

（2）增值税应纳税额是销项税额减去进项税额的差额。

（3）增值税纳税人和税率较为复杂。

（4）增值税专用发票 "四流一致"，否则视为虚开，即合同双方、发票双方、货物流向、资金流向一致。

但是 "营改增" 对于建筑行业来说不仅是税率和税种的变化，也给建筑企业带来了新的机遇。

（1）"营改增" 改革有利于减少建筑业普遍存在的重复征税问题，如总分包业务的重复征税、设备安装业务的重复纳税。

（2）促进建筑行业的分工精细化，改变目前建筑行业粗放的行业特点。

（3）"营改增" 能促进企业规范税务管理、降低税务风险。

（4）"营改增" 有利于建筑业的技术进步、技术改造、设备更新、创新发展。

（5）增值税计征复杂、管控严格的特点，要求企业精细化管理。

（6）在行业发展方面，通过 "营改增" 制度的实施，能够有效地避免行业内、上下游产业使用不法手段操纵价格、偷税漏税等行为的发生，促进建筑市场的公平竞争和行业整体的良性发展。

二、增值税对企业成本的影响

1. 税负分析

增值税税负率用于衡量企业在一定时期内实际税收负担的大小，建筑行业税负率的计算公式为

增值税税负率＝（不含税收入×11％－进项税额）/不含税收入

$\quad\quad\quad$＝11％－（进项税额/不含税收入）＝11％－进项税额率

通过上述公式我们可以发现，当进项税额率为8％时，增值税税负率为3％，所以，当进项税额率＞8％时，增值税税负率小于3％；当进项税额率＜8％时，增值税税负率大于3％。

通过分析可以看出进项税额是企业需控制的重点，但是对建筑行业来说，大量的人工费、材料费、机械租赁费、其他费用等大量成本费用进项，由于各种原因难以取得增值税进项专用发票，从而难以或无法抵扣。

2. 增值税专项发票

建筑行业增值税专项发票的取得是个难点，这是由于建筑行业本身粗放型的行业特点决定的，具体原因如下。

（1）人工成本特别是劳务分包成本难以取得可抵扣的进项税发票。

（2）各地自产自用的大量地材无法取得可抵扣的增值税进项税发票。

（3）施工用的很多二、三类材料（零星材料和初级材料如砂、石等），因供料渠道多为小规模。企业或个体、私营企业及当地老百姓个人，通常只有普通发票甚至只能开具收据，难以取得可抵扣的增值税专用发票。

（4）工程成本中的机械使用费和外租机械设备一般都开具普通服务业发票。

（5）BT、BOT 项目通常需垫付资金，且资金回收期长，其利息费用巨大，也无法取得发票。

（6）甲供、甲控材料抵扣存在困难。

（7）建筑企业税改前购置的大量原材料、机器设备等，由于都没有实行增值税进项税核算，全部被作为成本或资产原值，无法抵扣相应的进项税，造成严重的虚增增值额，税负增加。

（8）建筑企业集团内部资质共享时，如何确定进项、销项税额存在相当大的困难。

（9）征地拆迁、青苗补偿费等无法取得增值税专用发票。

（10）施工生产用临时房屋、临时建筑物、构筑物等设施不属于增值税抵扣范围。

3. 营业收入和利润的影响

对营业收入和利润将带来不利影响，具体包括如下。

（1）导致营业收入大幅降低，预计下降 9.91％。

（2）导致净利润率或将大幅下降。由于建筑行业本身就是微利行业，管理非常粗放，"营改增"之后，要求企业提升管理水平，精细化管理，从长远来说是好事，但短期内或将税负上升并导致公司净利润率严重下滑，甚至可能出现整体性亏损。

税负的问题涉及建筑行业的整条供应链，对相关的企业以及"营改增"税收制度的顺利实施有着重大的影响，建筑企业在实际中应当加以注意，采取相关措施尽可能避免或降低上述情形，降低实际税负。

三、增值税对企业管理的影响

1. 组织架构

目前大型建筑企业集团一般均拥有数量众多的子、分公司及项目机构，管理上呈现多个层级，且内部层层分包的情况普遍存在。存在资质共享的问题。

实行"营改增"后，税务管理难度和工作量增加，主要表现为：多重的管理层级和交易环节，造成了多重的增值税征收及业务管理环节，从而加大了税务管理难度及成本。

企业应及时调整现有组织架构，推动未来组织架构建设，具体措施包括如下。

（1）梳理各子、分公司及项目机构的经营定位及管理职能，推进组织结构扁平化改革。

（2）梳理下属子公司拥有资质的情况，将资质较低或没有资质的子公司变为分公司。

（3）推动专业化管理。

（4）慎重设立下级单位。

（5）新公司尽量设立为分公司。

2. 公司资质

（1）资质共享的工程项目现阶段管理模式。

1）自管模式。建筑企业以自己名义中标，并设有指挥部管理项目，下属子公司成立项目部参建的模式。

2）代管模式。子公司以母公司名义中标，中标单位不设立指挥部，直接授权子公司成立项目部代表其管理项目的模式。

3）平级共享模式。平级共享模式即平级单位之间的资质共享，如二级单位与三级单位之间，中标单位不设立指挥部，直接由实际施工单位以中标单位的名义成立项目部管理项目的模式。

（2）资质共享的工程项目影响分析。

1）合同签订主体与实际施工主体不一致，进、销项税无法匹配，无法抵扣进项税。

2）中标单位与实际施工单位之间无合同关系，无法建立增值税抵扣链条，影响进项税抵扣。

3）内部总分包之间不开具发票，总包方无法抵扣分包成本的进项税。

4）除在自管模式下，中标单位与实际施工单位均未按总分包进行核算，无法建立增值税抵扣链条，实现分包成本进项税抵扣。

（3）资质共享的工程项目管理措施。

1）逐步减少资质共享情况。

① 减少集团内资质共享。

② 对现有子公司的资质进行梳理和评估，有计划地培育重点三级单位的资质。

③ 逐步减少直至完全禁止平级资质共享及内部任务划转模式。

2）调整和优化资质共享项目的业务流程方案。

① 总分包模式。

② 集中管理模式。

③ 联合体模式。

④ "子变分"模式。

四、增值税对投标（市场营销）的影响

（1）《全国统一建筑工程基础定额与预算》部分内容需修订，建设单位招标概预算编制也将发生重大变化，相应的设计概算和施工图预算编制也应按新标准执行，对外发布的公开招标书的内容也要有相应的调整。

（2）这种变化使建筑企业投标工作变得复杂化。

（3）企业施工预算需要重新进行修改，企业的内部定额也要重新进行编制。

（4）对建造产品造价产生全面又深刻的影响。为适应建筑业"营改增"的需要，住房城乡建设部组织开展了建筑业"营改增"对工程造价及计价依据影响的专题研究，并请部分省（直辖市、自治区）进行了测试，形成了工程造价构成各项费用调整和税金计算方法。

1) 为保证"营改增"后工程计价依据的顺利调整，各地区、各部门应重新确定税金的计算方法，做好工程计价定额、价格信息等计价依据调整的准备工作。

2) 按照前期研究和测试的成果，工程造价的计算公式为

$$工程造价＝税前工程造价×(1＋11\%)$$

其中，11％为建筑业拟征增值税税率，税前工程造价为人工费、材料费、施工机具使用费、企业管理费、利润和规费之和，各费用项目均以不包含增值税可抵扣进项税额的价格计算，相应计价依据按上述方法调整。

3) 有关地区和部门可根据计价依据管理的实际情况，采取满足增值税下工程计价要求的其他调整方法。

五、增值税对集中采购的影响

（一）目前现状

（1）目前物资、设备机械大多采用集中采购模式，以降低工程成本。

（2）合同签订方与实际适用方名称不一致，"营改增"后无法实现进项税额抵扣。

（3）甲供材。

（二）集中采购方案

1."统谈、分签、分付"模式

集中采购单位统一与供应商谈判；供应商与各采购需求单位分别签订合同，分别发货或提供服务，分别开具发票；各采购需求单位分别向供应商支付款项。

2. 内部购销模式

集中采购单位统一向供应商进行采购，内部与各采购需求单位签订销售合同，并开具增值税专用发票；各采购需求单位分别向集中采购单位支付货款。

3."统付"模式下修改合同条款

在"统签"或"分签"合同中明确，由供应商直接向各采购需求单位发货或提供服务，分别开具发票，资金由各采购需求单位以委托付款的方式通过集中采购单位统一支付给供应商。

六、增值税对财务管理的影响

1. 对发票管理的影响

增值税专用发票涉及刑事责任。

《中华人民共和国刑法》（以下简称《刑法》）第二百零五条、第二百零六条、第二百零七条、第二百零八条分别规定了虚开增值税与用发票、用于骗取出口退税、抵扣税款发票罪；伪造、出售伪造的增值税与用发票罪；非法出售增值税与用发票罪；非法贩卖增值税与用发票、贩卖伪造的增值税与用发票罪；虚开增值税与用发票罪、出售伪造的增值税与用发票罪、非法出售增值税与用发票罪。

2. 对财务管理的影响

核算管理：增值税核算体系比营业税复杂，应加强增值税会计核算管理，合理设置财税软件。

业绩考核：由于增值税是价外税，营业税是价内税，在价格不变的前提下，将影响收入，进而影响企业损益。

纳税申报：发票识别、认证将增大财务部门的工作量，若是汇总纳税将对集团公司总部税务部门面临考验。

税务筹划：跟踪税法，通过调整业务范围，修订业务流程、完善合同模板等措施，系统化地获得改革带来的益处和应对不利的影响。

"营改增"后企业财务管理部门面临新的挑战——会计核算更加复杂：

（1）核算主体发生变化。

（2）核算原则发生变化。

（3）核算难度发生变化。

（4）核算科目更加复杂。

企业会计核算营业税涉及的会计科目与增值税涉及的会计科目不同，在"营改增"制度下，企业的会计核算需要进行相应的调整，会计人员在适应新制度进行会计核算的初期，必然会需要一定的过程，而企业相关的会计体系也必须随着新制度的改变进行调整。

七、应对措施

为了更好地适应"营改增"制度的到来，建筑企业的税收核算和税收控制管理制度应当进行优化。建筑企业会计人员需要加强对相关制度改革后会计核算的学习,尤其是对增值税核算、建筑合同的相关内容的培训,掌握进项税额与销项税额正确核算,熟悉关于纳税时间、纳税地点的新规定,区分改革前后的会计核算、税收制度的主要区别,完善会计信息系统并配置和完善有效的增值税发票管理系统。重点加强对施工现场的会计信息化建设,尽量克服由于施工地域的分散性而导致的会计信息不通畅、不透明的现象,积极建立与现场相连接的账务处理系统,在现场配置专业的会计人员进行会计核算以及税务控制,在增值税发票的开具、取得、抵扣等一系列环节由专业的税务人员进行控制,并积极与机构会计人员进行沟通,防止由于增值税发票的任何环节出现控制上的纰漏。

"营改增"制度必然会打破建筑企业原有的纳税筹划系统。这一点无疑会给企业带来纳税筹划调整的新空间。建筑企业可以以获得的真实、完整、可靠的会计资料和增值税发票信息为依托,寻找新的纳税筹划进入点,并结合企业的具体情况分步骤地实现纳税筹划的方案,目前常被提起的建筑业增值税纳税筹划的手段包括原材料的购头、固定资产的引进等方法,手段较为单一,还有待进一步的研究。在这一过程中,会计人员对新政策、企业新的信息和管理模式的正确理解与结合、对新的纳税筹划方法的不断探索是必不可少的。

第二章

企业财务实操

第一节 财务管理影响

一、"营改增"企业财务管理的影响

1. 计税方法和税率的改变

"营改增"后,缴税人的计税方法都是以不含税的销售价格进行计算的,"营改增"之前,大多数建筑企业的营业税税率是3%,而且计税方式为营业额乘以3%的税率;施行"营改增"后增值税税率为11%,且计费基数为除税工程造价。

2. 对企业财务管理中报表的影响

"营改增"后,企业财务管理中财务报表也发生了一定的变化,其中企业固定资产的入账金额和折旧金额都会有所下降,同时企业的利润、资产结构以及规模都会发生一定的变化。这样一来就在一定程度上增加了企业的资产和负债金额,但是就企业的长远发展来看,"营改增"后,企业的资产总值和负债综合都会有所提升。

3. 对企业财务人员的影响

"营改增"后,企业的会计核算方法和财务报表编制方法都有所改变,同时对增值税发票的管理也提出了更高的要求。这样一来就需要企业的财务人员更加专业化,职业技能和职业素养都需要有所提高,而且需要其能够掌握最新的税收优惠政策和企业的实际经营情况,以确保企业税收筹划工作的高效开展,所以说,"营改增"后,企业的财务人员将面临更大的压力和挑战。

4. 增值税专用发票与营业税服务业地税普通发票的对比

"营改增"后,税务部门管理和稽查更加严格,因为其直接影响企业对外提供服务产生的销项税额和企业日常采购商品、接受服务

环节产生的进项税额，进而直接影响企业增值税的缴纳金额。因此增值税发票的开具、使用和管理上各个环节都非常严格，我国《刑法》对增值税专用发票的虚开、伪造和非法出售与违规使用增值税发票行为的处罚措施都做了专门的规定。

二、企业财务管理的对策

通过上述的分析和研究显示，"营改增"的落实确实是为了降低企业的税务压力，促进企业实现更好更快的发展。但从短期的执行效果来看，确实给企业带来了一定的不利影响，所以为在"营改增"环境下有效地降低企业的税务压力。现就"营改增"企业财务管理影响的改进措施进行了如下分析。

（1）加强会计人才建设。建设一支高素质的会计人才队伍，使得企业财务管理人员的综合素质得到有效的提高，是在"营改增"环境下完善企业财务管理工作的基础和前提。

为了提高会计人才素质，企业管理层首先要加强对"营改增"的重视程度，以身作则，做好相关的宣传和引导工作，使得更多的财务工作者加强对纳税工作的重视程度；其次鼓励财务人员树立终身学习的意识，不断地提高自身的财务管理能力进而提高职业素养；再次可以聘请该地区中有名的税务专家对"营改增"的相关知识进行宣讲，采用"请进来"和"走出去"的方式不断提高企业财务人员的综合素质；最后加强财务人员纳税筹划的意识，在保证合理、合法的前提下，不管采取任何措施和方法尽量将企业的税务降到最低。

（2）重视增值税发票管理。"营改增"后，企业进行低效税款时最重要的依据就是增值税发票，所以加强对增值税发票的管理显得尤为重要。

增值税发票与普通发票不同，不仅具有反映经济业务发生的作用，由于实行凭发票注明税款扣税，使得它同时具有完税凭证的作用。更重要的是，增值税专用发票将产品的最初生产到最终消费之间各环节联系起来，保持了税负的连续性，体现了增值税的作用。因此发票的获得、真伪鉴别、开具、管理、传递和作废都区别于普通发票。例如，发票遗失处理方法比较复杂，需要到税务机关进行备案和处理；重复开票、退票也不像普通发票那样简单。

因此对于增值税发票的使用和管理，不仅需要财务部门重视，在开具和传递等各个环节的参与者，也都更应高度重视。

（3）企业财务报表变化。财务报表列报方式的改变对于"营改增"环境下企业财务管理能力的提高也有着一定的促进作用，所以企业首先要意识到传统财务业务中与现代税收环境不相适宜的地方；其次要改变企业报表的编制计划，完善企业财务报表的编制流程，增加其实用性和适用性；最后要加大信息技术的投入和使用力度，例如OA、ERP等现代化的信息系统，简化财务报表编制的程序，减少人为因素造成的失误和损失，提高财务报表编制工作的效率和效果。

（4）需要建立增值税明细账，准确记录和生成增值税明细账。在日常销售和采购环节，按照增值税专用发票计提税额，在账务处理上注意与原收入和成本费用记账核算的不同。考虑到"营改增"对财务管理的影响，对于目前按完工进度确认收入是否缴纳增值税，这种情况是否会同开具增值税发票时重复缴税的问题，以及部分客户要求退票重开增值税发票的问题，目前没有明确的、具体的过渡政策。

因此要求企业实时关注最新的动态和实施条例、过渡政策，保持与税务部门的密切联系。

（5）纳税人选择。"营改增"环境下，对于一般纳税人和小规模纳税人有着不同的纳税标准，所以对于可以自主选择纳税人认定的企业来说，谨慎选择确认为一般纳税人还是小规模纳税人对于企业财务管理能力的提高有着十分重要的作用。在这个过程中对于没有大量进项，成本项又难以取得增值税专用发票的企业来说选择为小规模纳税人比较合适，而对于规模正在扩大，准备大量购进设备，又有足够的进项税可以抵扣，而且在经营过程中能够取得正规增值税发票的企业来说选择为一般纳税人是十分有利的。

（6）由于"营改增"的目的之一是降低行业整体税负，但不是每一个企业都会降低税负，在税改过程中可能会出现部分企业税负增加的情况。"营改增"后实际税负是增加或降低，除了与企业自身的发展阶段、所处的市场地位等因素有关外，还取决于是否可能享受的税收优惠政策等相关一系列配套措施。

因此，要求企业认真做好财务管理工作和整体的业务统筹工作，一旦增值税税收优惠的条件明确，就要尽早准备申请优惠政策所需的相关材料，争取通过税收优惠来降低对企业的税负影响。

第二节 建筑企业财务管理制度

一、税务部门和专业人员配置

根据"营改增"模拟运转企业的实践经验，建筑企业为保证"营改增"正常有效运转，一定要提前抓好增值税管理的基础条件建设。其中，最主要的是研究、确定税管部门和专业人员配备问题。

（1）建筑企业要根据自身的生产经营规模、管理体制、运行机制现状，实事求是地配备企业内部税管部门和专业人员。例如，成立隶属或独立于财务部门的税务部门或税管中心。如果不设立税管机构，就必须设立专职或兼职的税务专管员。"营改增"实施后，主要负责税务日常管理、涉税服务、纳税筹划、风险评估及法规政策的学习和宣贯。"营改增"实施前，主要研究"营改增"政策，指导"营改增"模拟运转，做好"营改增"前期的准备、政策衔接和实施等工作。

（2）从目前情况看，有些大型建筑企业集团，以其总部财务部门为企业自身内部的税务管理机构，统筹负责增值税管理工作，制订增值税管理目标与方案，完善增值税管理制度与流程，负责总部增值税日常管理，服务、指导及监督下属单位的增值税管理工作。

（3）企业下属二级单位财务部门设税务管理中心，配备税务管理中心主任，选配专职税务人员，设置税务制度岗、税务核算岗、发票管理岗、税务综合岗等。严格执行公司增值税管理制度，负责编制本单位增值税税务手册与流程，负责本单位增值税日常管理，服务、指导和监督下属单位增值税管理工作。

（4）三级及以下单位设税务主管，配专职税务人员。有条件的可设税务管理中心，配税务管理中心主任。

（5）项目部财务人员兼职项目税务管理人员（大项目可根据实际情况设专职税务人员）的，也要在其岗位中单独明确负责增值税日常管理工作的职责。

二、划清业务部门职责

大型建筑企业集团一般均拥有数量众多的子、分公司及项目机构，管理上呈现多个层级，且内部层层分包的情况普遍存在。应按照"谁签订合同，谁是纳税主体"的原则，划清本企业总机构（法人总部）及所属分支机构和项目部之间增值税管理的部门职责分工。

（1）不单独设立税务管理部门的企业，财务部门是增值税管理专业机构，统筹增值税管理工作，具体负责增值税管理制度与流程的制定，增值税发票的开具、购买和保管，增值税款的核算、申报及缴纳，增值税税务争议的解决。

（2）资金管理部门负责总机构与分支机构、项目增值税款的资金往来清算。

（3）法律事务部门负责审核各类合同条款中价格标准（含税价或不含税价）、发票取得、付款方式及时间等涉税重要事项。

（4）市场与客户管理部门负责组织招标投标报价的税负测算，负责合同有关税务条款的审核、审定。

（5）商务部门负责规范分包商库，原则上必须具有一般纳税人资格；负责取得有关分包工程的增值税进项发票，并确保发票走向与资金走向和合同一致；负责工程项目增值税税务预算。

（6）物资采购部门负责规范材料采购商库，原则上必须具有一般纳税人资格；取得有关采购物资的增值税进项发票，并确保发票走向与资金走向和合同一致。

（7）其他部门负责本部门生产经营业务增值税涉税管理，积极配合财务部门做好相关工作。

三、岗位责任

1. 企业负责人

企业负责人作为建筑企业的领头人，其职责主要有：认真执行国家增值税法律、法规和制度；批准年度增值税管理方案；批准增值税相关管理制度；批准增值税应急处理方案；按照本单位的审批权限，批准增值税专用发票的开具；按照本单位的审批权限，批准增值税税款的缴纳。

2. 财务负责人

财务负责人作为建筑企业财务部门直接负责人，其主要职责有：审核增值税管理方案；审核增值税相关管理制度；审核年度增值税工作目标和计划；按照本单位的审批权限，批准增值税专用发票的开具；审核增值税相关报表和资料。

3. 税务负责人

税务负责人主要职责有：制订增值税管理方案；制定增值税相关管理制度与流程；制订年度增值税工作目标和计划；负责日常增值税管理工作。

4. 税务经办人

税务经办人主要职责有：负责申办增值税一般纳税人或小规模纳税人资格，安转增值税防伪税控系统；负责增值税专用发票的领取、开具、审核、保管等事项；对取得的增值税进项发票的审核、认证，按月编制增值税进项税额抵扣统计表；按月计算增值税税款，进行单位总机构与分支机构、项目的增值税款的清算，并及时进行增值税纳税申报；负责做好增值税的会计核算；配合完成税务部门安排的各种检查及其他工作；及时搜集、研究国家增值税法律法规，并定期向管理层提供税务管理建议。

第三节　企业财务风险

纳税人在进行会计核算相关事项时，应当按照有关税收政策法规和会计制度的规定，严格认真地办理有关会计手续。自《关于全面推开营业税改征增值税试点的通知》（财税〔2016〕36 号）发布起，一般纳税人会计核算等方面都发生了重大改变，一旦"营改增"会计核算违规税务处理，其带来的相关税务风险不可低估。

风险一：会计核算不健全，不得抵扣进项税额。

会计核算健全，是指能够按照国家统一的会计制度规定设置账簿，根据合法、有效凭证核算。纳税人应当按照国家统一的会计制度进行增值税会计核算。有下列情形之一者，应当按照销售额和增值税税率计算应纳税额，不得抵扣进项税额，也不得使用增值税专用发票。

（1）一般纳税人会计核算不健全，或者无法提供准确的税务资料。

（2）应当办理一般纳税人资格登记而未办理的。在增值税税制下，对企业财务核算的规范性要求很高。现行税法规定，一般纳税人会计核算不健全，或者不能够提供准确税务资料的，企业应当按照销售额和增值税税率计算应纳税额，不得抵扣进项税额，也不得使用增值税专用发票。即如果一般纳税人企业税务核算不合规，按照企业适用的增值税税率（17%、11%和6%）直接计算当期应纳增值税。

风险二：提供不同税率或征收率应税服务，兼营未分别核算应从高适用税率。

现行税法规定，增值税纳税人提供适用不同税率或者征收率的应税服务，应当分别核算适用不同税率或者征收率的销售额，未分别核算的，从高适用税率。纳税人兼营销售货物、劳务、服务、无形资产或者不动产，适用不同税率或者征收率的，应当分别核算适用不同税率或者征收率的销售额，未分别核算的，从高适用税率。试点纳税人销售货物、加工修理修配劳务、服务、无形资产或者不动产适用不同税率或者征收率的，应当分别核算适用不同税率或者征收率的销售额，未分别核算销售额的，按照以下方法适用税率或者征收率：①兼有不同税率的销售货物、加工修理修配劳务、服务、无形资产或者不动产，从高适用税率。②兼有不同征收率的销售货物、加工修理修配劳务、服务、无形资产或者不动产，从高适用征收率。③兼有不同税率和征收率的销售货物、加工修理修配劳务、服务、无形资产或者不动产，从高适用税率。适用一般计税方法的纳税人，兼营简易计税方法计税项目、免征增值税项目而无法划分不得抵扣的进项税额，其计算不得抵扣的进项税额的计算公式为

不得抵扣的进项税额＝当期无法划分的全部进项税额×（当期简易计税方法计税项目销售额＋免征增值税项目销售额）/当期全部销售额

此外，需要重点提示的是，原增值税一般纳税人兼有销售服务、

无形资产或者不动产的，截至纳入"营改增"试点之日前的增值税期末留抵税额，不得从销售服务、无形资产或者不动产的销项税额中抵扣。

风险三：兼营免税、减税项目，未分别核算，不得免税和减税。

纳税人兼营免税、减税项目的，应当分别核算免税、减税项目的销售额，未分别核算的，不得免税和减税。因此，会计核算不是单纯的财务问题，而是税务管理的一个组成部分。增值税全面覆盖以后，企业不再需要对增值税和营业税分别核算，但应根据具体经营内容正确选择税目和适用税率，避免增值税未分别核算税收风险的发生。

风险四：服务与货物混合销售，处理不当无法将税法与业务流程结合。

一项销售行为如果既涉及服务又涉及货物，那么该销售行为为混合销售。从事货物的生产、批发或者零售的单位和个体工商户的混合销售行为，按照销售货物缴纳增值税；其他单位和个体工商户的混合销售行为，按照销售服务缴纳增值税。由此可见，"营改增"试点税收政策中的混合是服务与货物的混合，并不涉及不动产与货物、不动产与服务。所称从事货物的生产、批发或者零售的单位和个体工商户，包括以从事货物的生产、批发或者零售为主，并兼营销售服务的单位和个体工商户在内。自从我国引进增值税以来，混合销售业务的涉税风险一直困扰着纳税人，其原因是当事人无法将税法与业务流程结合起来。具体分析 36 号文第四十条对于混合销售的规定，就可发现其发生了本质变化，即在销售行为中由货物销售与非应税劳务的结合变化成货物销售与服务的结合，建议纳税人在实务过程中关注混合销售内涵的变化。防范混合销售业务处理的涉税风险。

风险五：三种计税基础异常的应税行为，税务机关有权确定销售额。

纳税人发生应税行为价格明显偏低或者偏高且不具有合理商业目的的，或者发生本办法第十四条所列行为而无销售额的，主管税务机关有权按照下列顺序确定销售额。

（1）按照纳税人最近时期销售同类服务、无形资产或者不动产的平均价格确定。

（2）按照其他纳税人最近时期销售同类服务、无形资产或者不动产的平均价格确定。

（3）按照组成计税价格确定。组成计税价格的公式为

$$组成计税价格＝成本×（1＋成本利润率）$$

成本利润率由国家税务总局确定。

不具有合理商业目的，是指以谋取税收利益为主要目的，通过人为安排，减少、免除、推迟缴纳增值税税款，或者增加退还增值税税款。

风险六：视同销售行为，未按规定确认收入申报纳税。

视同销售是指在会计上不作为销售核算，而在税收上作为销售，确认收入计缴税金的商品或劳务的转移行为。下列 11 种情形视同销售服务、无形资产或者不动产：将货物交付其他单位或者个人代销；销售代销货物；设有两个以上机构并实行统一核算的纳税人，将货物从一个机构移送其他机构用于销售，但相关机构设在同一县（市、区）的除外；将自产、委托加工的货物用于非增值税应税项目；将自产、委托加工的货物用于集体福利或个人消费；将自产、委托加工或购进的货物作为投资；将自产、委托加工或购进的货物分配给股东或者投资者；将自产、委托加工或购进的货物无偿赠送他人；单位或者个体工商户向其他单位或者个人无偿提供服务，但用于公益事业或者以社会公众为对象的除外；单位或者个人向其他单位或者个人无偿转让无形资产或者不动产，但用于公益事业或者以社会公众为对象的除外；财政部和国家税务总局规定的其他情形。

视同销售的税务处理，以下 5 种情况不确认收入，其他情况都应确认收入：设有两个以上机构并实行统一核算的纳税人，将其货物从一个机构移送其他机构用于销售，但相关机构设在同一县（市、区）的除外；将自产或委托加工的货物用于非应税项目；将自产、委托加工或购买的货物无偿赠送他人；单位或者个体工商户向其他单位或者个人无偿提供服务，用于公益事业或者以社会公众为对象；单位或者个人向其他单位或者个人无偿转让无形资产或者不动产，

用于公益事业或者以社会公众为对象。

风险七：销售开票未将价款和折扣额分别注明，销售额不得扣减折扣额。

根据《财政部、国家税务总局关于全面推开营业税改征增值税试点的通知》（财税〔2016〕36号）第四十三条规定：纳税人发生应税行为，将价款和折扣额在同一张发票上分别注明的，以折扣后的价款为销售额；未在同一张发票上分别注明的，以价款为销售额，不得扣减折扣额。

风险八：专用发票开具不符合要求，购买方有权拒收。

根据国家税务总局关于修订《增值税专用发票使用规定》（国税发〔2006〕156号）的通知，专用发票应按下列要求开具。

（1）项目齐全，与实际交易相符。

（2）字迹清楚，不得压线、错格。

（3）发票联和抵扣联加盖财务专用章或者发票专用章。

（4）按照增值税纳税义务的发生时间开具。

对不符合上述要求的专用发票，购买方有权拒收。

风险九：13种特定应税行为，不得开具增值税专用发票。

"营改增"增值税纳税人发生应税行为，应当向索取增值税专用发票的购买方开具增值税专用发票，并在增值税专用发票上分别注明销售额和销项税额。"营改增"试点取得增值税一般纳税人资格的，并非皆可开具增值税专用发票，是否允许开具增值税专用发票需要视情况而论。"营改增"新税政特别规定，纳税人发生下列13种特定应税行为的，不得开具增值税专用发票：一般纳税人会计核算不健全，或者不能够提供准确税务资料；应当办理一般纳税人资格登记而未办理；向消费者个人销售服务、无形资产或者不动产；适用免征增值税规定的应税行为；不征收增值税项目；金融商品转让；经纪代理服务向委托方收取的政府性基金或者行政事业性收费；提供有形动产融资性售后回租服务收取的有形动产价款本金；向旅游服务购买方收取并支付的费用；销售使用过的固定资产适用按简易办法征收增值税；小规模纳税人销售自己使用过的固定资产；纳税人销售旧货；单采血浆站销售非临床用人体血液按照简易办法计算应纳税额。

风险十：取得的增值税扣税凭证不符合规定，其进项税额不得抵扣。

增值税扣税凭证，是指增值税专用发票、海关进口增值税专用缴款书、农产品收购发票、农产品销售发票和完税凭证。纳税人凭完税凭证抵扣进项税额的，应当具备书面合同、付款证明和境外单位的对账单或者发票。资料不全的，其进项税额不得从销项税额中抵扣。

风险十一：未按照规定开具红字专用发票，不得扣减销项税额或者销售额。

不符合作废条件等6种情形，需要开具红字专用发票。根据《国家税务总局关于推行增值税发票系统升级版有关问题的公告》（国税局〔2014〕73号）的规定，纳税人开具增值税专用发票后，发生销货退回、开票有误、销售服务中止以及发票抵扣联、发票联均无法认证等情形但不符合作废条件，或者因销货部分退回及发生销售折让，需要开具红字专用发票。

未按照规定开具红字增值税专用发票的，不得扣减销项税额或者销售额。根据《关于全面推开营业税改征增值税试点的通知》（财税〔2016〕36号）所附《营业税改征增值税试点实施办法》的规定，纳税人发生应税行为，开具增值税专用发票后，发生开票有误或者销售折让、中止、退回等情形的，应当按照国家税务总局的规定开具红字增值税专用发票；未按照规定开具红字增值税专用发票的，不得按照本办法第三十二条和第三十六条的规定扣减销项税额或者销售额。

第四节　会计核算实例

一、一般纳税人的会计处理

企业增值税是通过"应交税费——应交增值税"科目核算的，增值税一般纳税人还要设置"应交税费——未交增值税"科目，但大部分内容是通过"应交税费——应交增值税"二级科目的借、贷方设专栏进行明细核算的，其中借方设"进项税额""已交税金""减免税款""出口抵减内销产品应纳税额""转出未交增值税""营改增抵减的销项税额"6个专栏；贷方设"销项税额""出口退税""进项税额转出""转出多交增值税"4个专栏。

1. 借方的会计处理

（1）"进项税额"专栏，核算企业购入货物或接受应税劳务而支付的、准予从销项税额中抵扣的增值税额。发生时借记"应交税费——应交增值税（进项税额）"科目，借记"固定资产（不动产和用于非应税项目、免税项目的除外）""原材料""其他业务支出""制造费用""委托加工物资""在产品""销售费用""管理费用"等科目；按应付或实际支付的金额，贷记"应付账款""银行存款"等科目。

（2）"减免税款"专栏，核算直接减免的增值税。发生时借记"应交税费——应交增值税（减免税款）"科目，贷记"营业外收入——减免增值税"科目。企业初次购买增值税税控系统专用设备支付的费用，按实际支付或应付的金额，借记"固定资产"科目，贷记"银行存款""应付账款"等科目。按规定抵减的增值税应纳税额，借记"应交税费——应交增值税（减免税款）"科目，贷记"递延收益"科目。按期计提折旧，借记"管理费用"等科目，贷记"累计折旧"科目；同时，借记"递延收益"科目，贷记"管理费用"等科目。

发生技术维护费，按实际支付或应付的金额，借记"管理费用"等科目，贷记"银行存款"等科目。按规定抵减的增值税应纳税额，借记"应交税费——应交增值税（减免税款）"科目，贷记"管理费用"等科目。

（3）"已交税金"专栏，核算企业已缴纳本月实现的增值税额。发生时借记"应交税费——应交增值税（已交税金）"，贷记"银行存款"科目。

（4）"转出未交增值税"，核算企业月终转出未交的增值税。发生时借记"应交税费——应交增值税（转出未交增值税）"，贷记"应交税费——未交增值税"科目。

（5）"出口抵减内销产品应纳税额"专栏，核算出口货物执行"免、抵、退"的企业按规定用于抵减内销产品应纳税额的退税额。发生时借记"应交税费——应交增值税（出口抵减内销产品应纳税额）"，借记"其他应收款——出口退税"；贷记"应交税费——应交增值税（出口退税）"科目。

（6）"营改增抵减的销项税额"专栏，核算"营改增"企业按规定扣减销售额而减少的销项税额。发生时借记"应交税费——应交增值税（"营改增"抵减的销项税额）"科目；按实际支付或应付的金额与其增值税额的差额，借记"主营业务成本"等科目；按实际支付或应付的金额，贷记"银行存款""应付账款"等科目。

期末一次性进行账务处理的企业，期末按规定当期允许扣减销售额而减少的销项税额，借记"应交税费——应交增值税（"营改增"抵减的销项税额）"科目，贷记"主营业务成本"等科目。

2. 贷方的会计处理

（1）"销项税额"专栏，核算企业销售货物或提供应税劳务应收取的增值税额。发生时借记"应收账款""应收票据""银行存款""应付利润"等科目；按照规定收取的增值税额，贷记"应交税费——应交增值税（销项税额）"科目；按实现的销售收入，贷记"产品销售收入""商品销售收入""其他业务收入"等科目。

（2）"出口退税"专栏，核算企业出口适用零税率的货物，向海关办理报关出口手续后，凭出口报关单等有关凭证，向税务机关申报办理出口退税而收到的退回的税款。发生时借记"银行存款"科目，贷记"应交税费——应交增值税（出口退税）"科目。

（3）"进项税额转出"专栏，核算企业的购进货物、在产品、产成品、应税劳务等发生非正常损失以及其他原因而不应从销项税额中抵扣，按规定转出的进项税额。发生时借记"待处理财产损溢""在建工程""应付福利费"等科目，贷记"应交税费——应交增值税（进项税额转出）"科目。

（4）"转出多交增值税"，核算企业月终转出本月多交、用于抵减下月应交纳的增值税数。发生时借记"应交税费——未交增值税"科目，贷记"应交税费——应交增值税（转出多交增值税）"科目。

3. 增值税检查事项的账务调整

按《增值税检查调账方法》（国税发〔1998〕44 号附件）要求，对增值税检查后的账务调整，应设立"应交税费——增值税检查调整"专门账户进行核算。凡检查后应调减账面进项税额或调增销项税额和进项税额转出的数额，借记有关科目，贷记本科目；凡检查后应调增账面进项税额或调减销项税额和进项税额转出的数额，借记本科目，贷记有关科目；全部调账事项入账后，应结出本账户的余额，并对该余额进行处理。

（1）若余额在借方，全部视同留抵进项税额，按借方余额数，借记"应交税费——应交增值税（进项税额）"科目，贷记本科目。

（2）若余额在贷方，且"应交税费——应交增值税"账户无余额，按贷方余额数，借记本科目，贷记"应交税费——未交增值税"科目。

（3）若本账户余额在贷方，"应交税费——应交增值税"账户有借方余额且等于或大于这个贷方余额，按贷方余额数，借记本科目，贷记"应交税费——应交增值税"科目。

（4）若本账户余额在贷方，"应交税费——应交增值税"账户有借方余额但小于这个贷方余额，应将这两个账户的余额进行冲减，其差额贷记"应交税费——未交增值税"科目。

4. 未交税金的会计处理

通过上述"应交税费——应交增值税"借、贷方明细核算之后，企业缴纳截至上月末未缴纳的增值税时，借记"应交税费——未交增值税"科目，贷记"银行存款"科目。

二、小规模纳税人的会计处理

实行"营改增"的小规模纳税人企业对"应交税费——应交增值税"账户仍可沿用三栏式，核算应缴、已缴及多缴或欠缴的增值税数额。

（1）在确认或收取应税收入时，借记"应收账款""银行存款""库存现金"等科目，贷记"主营业务收入"科目，对收取的增值税直接贷记"应交税费——应交增值税"科目。

（2）对按规定允许扣减销售额而减少的应交增值税，借记"应交税费——应交增值税"科目；按实际支付或应付的金额与该增值税额的差额，借记"主营业务成本"等科目；按实际支付或应付的金额，贷记"银行存款""应付账款"等科目。期末一次性进行账务处理的按规定当期允许扣减销售额而减少的应交增值税，借记"应交税费——应交增值税"科目，贷记"主营业务成本"等科目。

（3）对初次购买增值税税控系统专用设备支付的费用，按实际支付或应付的金额，借记"固定资产"科目，贷记"银行存款""应付账款"等科目。按规定抵减的增值税应纳税额，借记"应交税费——应交增值税"科目，贷记"递延收益"科目。按期计提折旧，借记"管理费用"等科目，贷记"累计折旧"科目；同时，借记"递延收益"科目，贷记"管理费用"等科目。

发生技术维护费，按实际支付或应付的金额，借记"管理费用"等科目，贷记"银行存款"等科目。按规定抵减的增值税应纳税额，借记"应交税费——应交增值税"科目，贷记"管理费用"等科目。

（4）对直接减免的增值税借记"应交税费——应交增值税"科目，贷记"营业外收入"科目。收到即征即退、先征后退、先征税后返还的增值税时借记"银行存款"科目，贷记"营业外收入"科目。

（5）缴纳应缴纳的增值税时，借记"应交税费——应交增值税"科目，贷记"银行存款"科目，不通过"应交税费——未交增值税"科目进行核算。

三、原增值税一般纳税人对"营改增"期初留抵税额的会计处理

兼有"营改增"应税服务的原增值税一般纳税人，截至"营改增"开始当月月初的增值税留抵税额按照营业税改征增值税有关规定不得从应税服务的销项税额中抵扣的，应在"应交税费"科目下增设"增值税留抵税额"明细科目。

开始"营改增"当月月初，企业应按不得从应税服务的销项税额中抵扣的增值税留抵税额，借记"应交税费——增值税留抵税额"科目，贷记"应交税费——应交增值税（进项税额转出）"科目。

待以后期间允许抵扣时，按允许抵扣的金额，借记"应交税费——应交增值税（进项税额）"科目，贷记"应交税费——增值税留抵税额"科目。

四、增值税税控系统专用设备和技术维护费用抵减增值税额的会计处理

1. 增值税一般纳税人的会计处理

按税法有关规定，增值税一般纳税人初次购买增值税税控系统专用设备支付的费用以及缴纳的技术维护费允许在增值税应纳税额中全额抵减的，企业购入增值税税控系统专用设备，按实际支付或应付的金额，借记"固定资产"科目，贷记"银行存款""应付账款"等科目。按规定抵减的增值税应纳税额，借记"应交税费——应交增值税（减免税款）"科目，贷记"递延收益"科目。按期计提折旧，借记"管理费用"等科目，贷记"累计折旧"科目；同时，借记"递延收益"科目，贷记"管理费用"等科目。

企业发生技术维护费，按实际支付或应付的金额，借记"管理费用"等科目，贷记"银行存款"等科目。按规定抵减的增值税应纳税额，借记"应交税费 —应交增值税（减免税款）"科目，贷记"管理费用"等科目。

2. 小规模纳税人的会计处理

按税法有关规定，小规模纳税人初次购买增值税税控系统专用设备支付的费用以及缴纳的技术维护费允许在增值税应纳税额中全额抵减的，企业购入增值税税控系统专用设备，按实际支付或应付的金额，借记"固定资产"科目，贷记"银行存款""应付账款"等科目。按规定抵减的增值税应纳税额，借记"应交税费——应交增值税"科目，贷记"递延收益"科目。按期计提折旧，借记"管理费用"等科目，贷记"累计折旧"科目；同时，借记"递延收益"科目，贷记"管理费用"等科目。

企业发生技术维护费，按实际支付或应付的金额，借记"管理费用"等科目，贷记"银行存款"等科目。按规定抵减的增值税应纳税额，借记"应交税费——应交增值税"科目，贷记"管理费用"等科目。

五、会计核算实例

1. 进项税额

【核算内容】 企业购入货物，或接受应税劳务和应税服务而支付的、准予从销项税额中抵扣的增值税额、企业购入货物或接受应税劳务和应税服务支付的进项税额，用蓝字登记。

【案例 2 – 1】 购进办公电脑 4000 元，增值税额为 680 元，货款已用银行存款支付。

借：固定资产　　　　　　　　　　　　　　　　　4000
　　应交税费——应交增值税（进项税额）　　　　　680
　　贷：银行存款　　　　　　　　　　　　　　　　4680

2. 减免税款

【核算内容】 用于记录该企业按规定抵减的增值税应纳税额、初次购买增值税税控系统专用设备支付的费用以及缴纳的技术维护费，允许在增值税应纳税额中全额抵减的，应在"应交税费——应交增值税"科目下增设"减免税款"专栏，用于记录该企业按规定抵减的增值税应纳税额。

【案例 2 – 2】 2016 年 7 月，上海某房地产开发公司首次购入增值税税控系统设备，支付价款共计 2000 元，同时支付当年增值税税控系统专用设备技术维护费 500 元、当月两项合计抵减当月增值税应纳税额 2500 元。

（1）首次购入增值税税控系统专用设备。

借：固定资产——税控设备　　　　　　　　　　　2000
　　贷：银行存款　　　　　　　　　　　　　　　　2000

（2）发生防伪税控系统专用设备技术维护费。

借：管理费用　　　　　　　　　　　　　　　　　500
　　贷：银行存款　　　　　　　　　　　　　　　　500

（3）抵减当月增值税应纳税额。

借：应交税费——应交增值税（减免税款）　　　　2500
　　贷：管理费用　　　　　　　　　　　　　　　　500
　　　　递延收益　　　　　　　　　　　　　　　　2000

（4）以后各月计提折旧时（按 3 年，残值 10% 举例）。

借：管理费用   50

  贷：累计折旧   50

借：递延收益   50

  贷：管理费用   50

3. 已交税金

【核算内容】 记录企业已缴纳的增值税额，并用蓝字登记。当月上交上月应交未交的增值税时，借记"应交税费——应交增值税"科目，贷记"银行存款"科目。

【案例 2-3】 每月预缴一次增值税，每次预缴 20 000 元。

借：应交税费——应交增值税（已交税金） 20 000

  贷：银行存款   20 000

4. 转出未交增值税

【核算内容】 "转出未交增值税"专栏，记录企业月末转出应交未交的增值税，并用蓝字登记。

【案例 2-4】 某企业增值税账户贷方的销项税额为 30 000 元，借方的进项税额为 17 000 元。

月末时编制会计分录。

借：应交税费——应交增值税（转出未交增值税） 13 000

  贷：应交税费—— 未交增值税   13 000

5. 销项税额

【核算内容】 "销项税额"专栏记录企业销售不动产或提供应税服务应收取的增值税额、企业销售不动产或提供应税服务应收取的销项税额，并用蓝字登记；发生销售退回或按照税法规定允许扣减的增值税额应冲减销项税额，并用红字或负数登记。

【案例 2-5】 原销售的不含税价值为 10 000 元、成本为 8000 元、销项税额为 1700 元的货物被退回，假设已经按税法规定开具了红字增值税专用发票。

（1）退回时。

借：主营业务收入   10 000

  应交税费——应交增值税（销项税额） 1700

  贷：银行存款   11 700

（2）冲减成本时。

借：库存商品   8000

 贷：主营业务成本   8000

6. 进项税额转出

【核算内容】 "进项税额转出"专栏，记录由于各类原因而不应从销项税额中抵扣，按规定转出的进项税额。

【案例 2 - 6】 2016 年 5 月，北京 H 餐饮企业向农业生产者购进免税苹果一批，支付收购价 30 万元，支付运费 5 万元，取得合法票据、月底将购进的 20％的苹果发放给员工当福利、这里仅演示增值税进项税额转出的会计核算。

增值税进项税额转出额＝（30×13％＋5×11％）×20％＝8900

借：应付职工薪酬——应付福利费   8900

 贷：应交税费——应交增值税（进项税额转出） 8900

7. 转出多交增值税

【核算内容】 "转出多交增值税"专栏，记录企业月末转出多缴的增值税，并用蓝字登记。

【案例 2 - 7】 2016 年 5 月，增值税账户贷方销项税额为 10 000 元，借方的进项税为 8000 元，已交税金为 9000 元。

月末时编制会计分录。

借：应交税费——未交增值税   7000

 贷：应交税费——应交增值税（转出多交增值税）

                   7000

8. 未交增值税

【核算内容】 "未交增值税"明细科目，核算企业月末转入的应交未交增值税额，转入多交的增值税也在本明细科目进行核算。

借：应交税费——应交增值税（转出未交增值税）

 贷：应交增值税——未交增值税

9. 待抵扣进项税额

【核算内容】 "待抵扣进项税额"明细科目，核算企业按税法规定不符合抵扣条件，暂不予在本期申报抵扣的进项税额。

【案例 2 - 8】 2016 年 5 月，北京某企业购进一批办公设备，取得增值税专用发票价款 30 000 元，增值税额 5100 元、当月处于一般纳税人辅导期内。

（1）购入时。

借：固定资产　　　　　　　　　　　　　　　　　　　30 000

　　应交税费——待抵扣进项税额　　　　　　　　　　5100

　　　贷：银行存款　　　　　　　　　　　　　　　　35 100

（2）次月允许抵扣时。

借：应交税费——应交增值税（进项税额）　　　　　　5100

　　　贷：应交税费——待抵扣进项税额　　　　　　　5100

10. 增值税留抵税额

【核算内容】"增值税留抵税额"明细科目，核算一般纳税人试点当月按照规定，不得从应税服务的销项税额中抵扣的月初增值税留抵税额。

（1）期初。

借：应交税费——增值税留抵税额

　　　贷：应交税费——应交增值税（进项税额转出）

（2）待以后期间允许抵扣时，按允许抵扣的金额。

借：应交税费——应交增值税（进项税额）

　　　贷：应交税费——增值税留抵税额

11. 取得过渡性财政扶持资金

【核算内容】 企业"营改增"转换期间，因实际税负增加的，将有可能向财税部门申请取得财政扶持资金、期末有确凿证据表明企业能够符合财政扶持政策规定的相关条件，且预计能够收到财政扶持资金时，按应收的金额确认营业外收入。

（1）确认可以收到时。

借：其他应收款

　　　贷：营业外收入

（2）实际收到时。

借：银行存款

　　　贷：其他应收款

适用简易办法征收的会计核算。

（1）一般纳税人提供适用简易计税方法应税服务的。

借：银行存款/应收账款/应收票据等

　　贷：主营业务收入/其他业务收入

　　应交税费——未交增值税

（2）一般纳税人提供适用简易计税方法应税服务，发生视同提供应税服务应缴纳的增值税额。

借：营业外支出/销售费用等

　　贷：应交税费——未交增值税

第三章

造 价 文 件 编 制

第一节 估算与概算编制影响

一、"营改增"对估算的影响

"营改增"对于投资估算具有一定的影响，主要在于缺少基于不含税成本进行成本测算案例，进项税税率的多样性，前期对后续合作对象纳税人资格的不确定性，历史积累的造价指标数据失真等因素。为了减少对投资估算的影响，现阶段我们基于投资估算的工作主要包括如下：

1. 加强部门协作

联合成本、财务、采购，确定各科目或合同的税率及合作对象纳税资格信息（土地、市政配套、拆迁补偿是否抵扣，设备及采购的税率的差异等）。

2. 历史数据整理

根据税率及纳税人资格信息测算各科目的综合税率，测算历史不含税经验数据。

3. 重视数据积累

从底层数据（清单定额）开始积累不含税造价相关信息，并协同财务、采购等部门掌握合作对象纳税资格信息，形成企业不含税数据库。

【案例 3－1】 某城市要建设一个小型商场，建筑面积约 $10\ 000\ \mathrm{m^2}$，需要我们估算桩基工程在增值税模式下的成本价。通过查阅历史指标可知，桩基工程为 $80\ 元/\mathrm{m^2}$（含营业税指标）；其中进项税额占比 10%（假设），营业税率为 3%，增值税率为 11%。

（1）营业税模式下。

$$桩基估价＝80×10\ 000＝80（万元）$$

（2）增值税模式下。

$$桩基估价＝80/(1＋0.03)×(1－0.1)×(1＋10\%)×10\ 000$$

$$＝77.59（万元）$$

二、"营改增"对概预算编制的影响

在增值税模式下，确定工程造价的关键点在于确定税前工程造价和销项税额。税前工程造价的确定必须首先明确材料、机械不含税价格的确定，以及措施费及各种费率的确定。其计算公式为

$$工程造价＝税前工程造价×(1＋11\%)$$

材料、机械不含税价格的确定主要通过查阅各地造价信息或按市场询价，并考虑价格总包含的内容（运输与采保费）来确定。若是从经销商采购（材料直接进入施工现场）的应考虑纳税人资格以及材料、机械税率或免税情况，运输纳税人资格、运输税率、运输采保费等，方法在前面已经讲述过这里不再赘述。

三、"营改增"测算实例

为了更好地了解"营改增"后工程造价的变化，住房和城乡建设部专门组成调查小组，对多个工程"营改增"后工程造价变化及纳税额进行测算分析，其结果见表3-1。

从表3-1可以看出，"营改增"后工程造价实际是降低的，施工单位的施工成本与税负都得到了降低，但是这是在充分取得增值税专用发票的前提下。目前建筑行业材料设备不规范，取得发票的难易程度不同，使得建筑工程造价的可变性增加，建筑企业成本风险也很大。过渡阶段国建政策是允许选择两种计价方式并存的，施工企业可视具体情况自由选择。

表 3-1 工程"营改增"后工程造价变化及纳税税额测算分析表

序号	工程名称	营业税下		材料费+机械费		总造价		增值税下			
								销项税额		应纳税额	
		总造价/元	营业税金应纳税额/元	占营业税下总造价比例(%)	平均税率(%)	金额/元	增减率(±%)	金额/元	增减率(±%)	金额/元	增减率(±%)
1	上海国浩长风城酒店工程	5464.51	163.45	57.6	15.1	5284.35	-3.3	523.67	220.4	-0.37	-100.2
2	上海国浩长风城办公楼工程	6050.85	180.98	59.1	14.9	5845.94	-3.4	579.33	220.1	-5.83	-103.2
3	上海苏河湾大厦办公楼项目	4648.73	139.04	68.3	14.3	4517.69	-2.8	447.50	221.8	19.91	-85.7
4	街坊杨浦区 316 工程二期	6203.81	185.56	68.2	14.4	6041.62	-2.6	598.34	222.5	38.11	-79.5
5	北京饭店二期公寓	7384.16	220.86	57.5	15.2	7214.25	-2.3	714.27	223.4	66.39	-69.9
6	北京雁栖湖安置房工程	35 121.19	1050.48	63.2	14.9	34 382.27	-2.1	3403.50	224.0	378.73	-63.9
7	四川新成仁路项目	10 525.81	314.83	73.5	13.7	10 200.51	-3.1	1010.67	221.0	19.10	-93.9

第二节 工程造价构成与定额

一、工程造价构成

1. 工程造价

对于施工单位而言，工程造价是指工程价格，即为建成一项工程，预计或实际在土地市场、设备市场、技术劳务市场等交易活动中所形成的建筑安装工程的价格和建设工程总价格。这是以社会主义商品经济和市场经济为前提。工程造价以工程这种特定的商品形成作为交换对象，通过招投标、承发包或其他交易形成，在进行多次预估的基础上，最终由市场形成的价格。通常把这种工程造价的含义认定为工程承发包价格。

对于建设单位而言，工程造价是指进行某项工程建设花费的全部费用，即该工程项目有计划地进行固定资产再生产、形成相应无形资产和铺底流动资金的一次性费用总和。

建设项目总投资具体划分如图 3-1 所示。

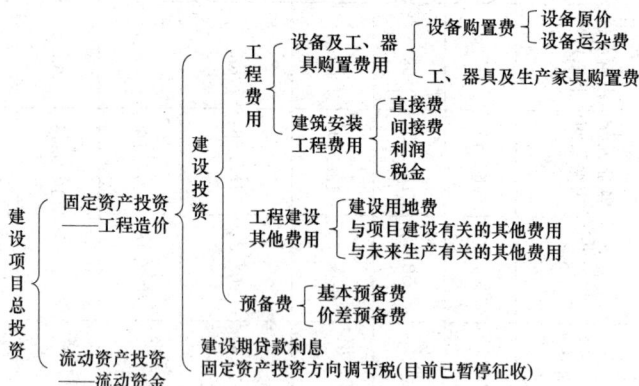

图 3-1 建设项目总投资的划分

2. 建筑安装工程费用（按费用构成要素组成划分）

根据《建筑安装工程费用项目组成》（建标〔2013〕44 号）规定，建筑安装工程费用项目按费用构成要素组成划分为人工费、材料费、施工机具使用费、企业管理费、利润、规费和税金。具体如图 3-2 所示。

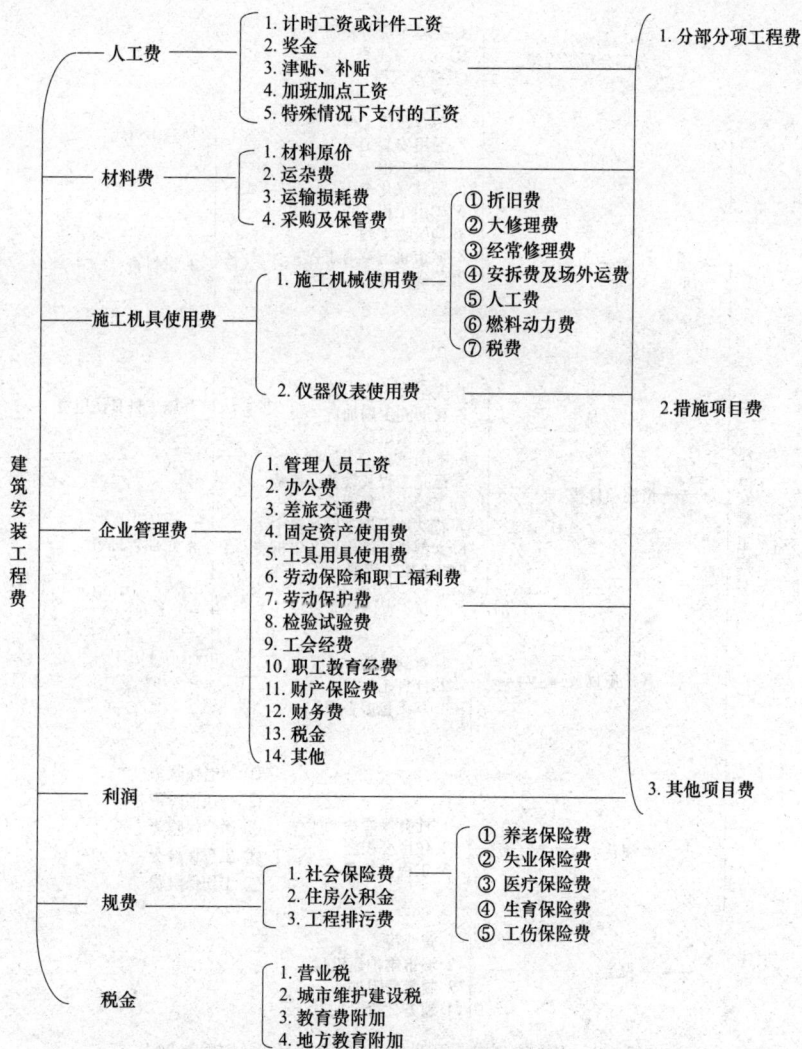

图 3-2　建筑安装工程费按费用构成要素组成划分

3. 建筑安装工程费用（按工程造价形成顺序划分）

根据《建筑安装工程费用项目组成》（建标〔2013〕44 号）规定，

建筑安装工程费用项目按工程造价形成顺序划分为分部分项工程费、措施项目费、其他项目费、规费和税金。具体如图3-3所示。

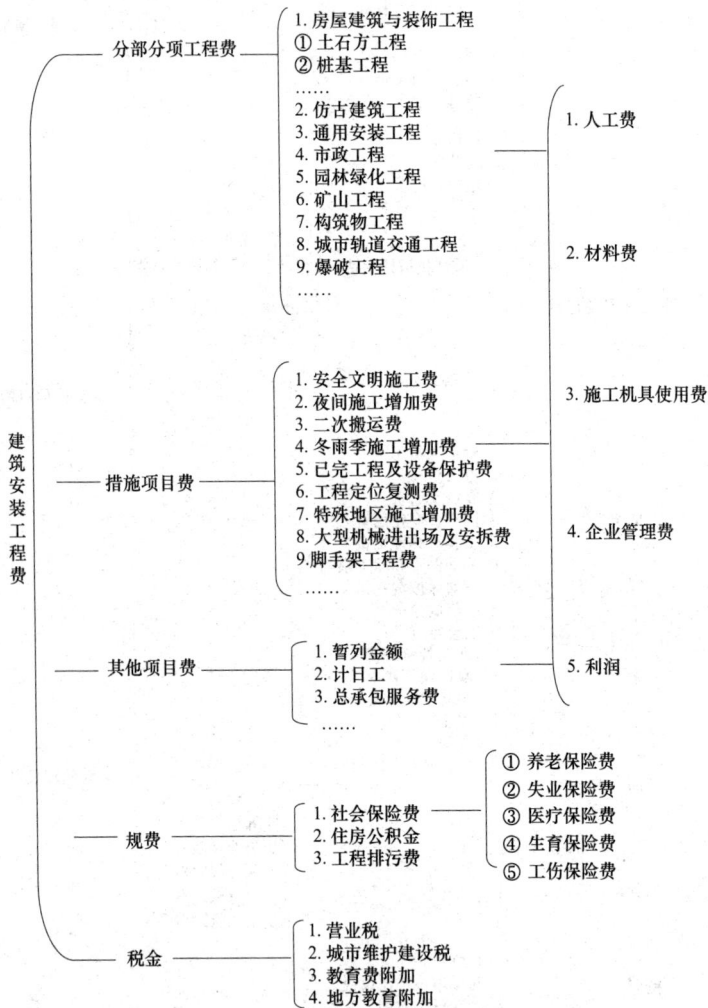

图3-3 建筑安装工程费用按工程造价形成顺序划分

二、"营改增"后变化

以工程造价形成顺序为例，如图3-4所示。

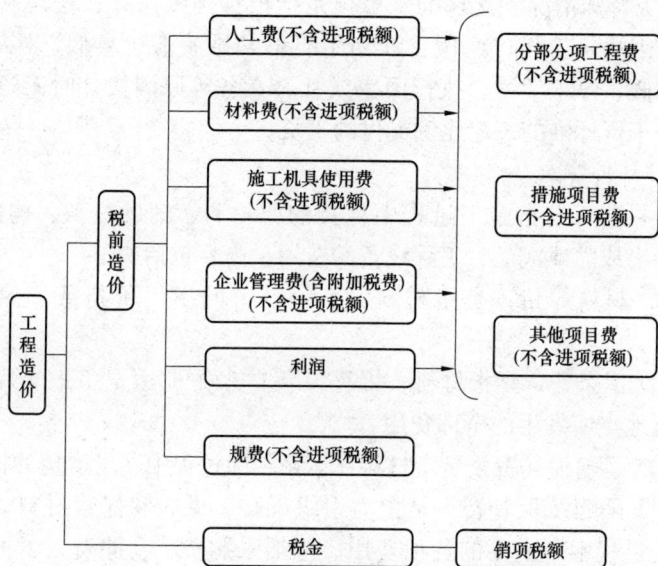

图 3-4 工程造价的变化

三、预算定额构成

1. 人工费

人工费，是指按工资总额构成规定，支付给从事建筑安装工程施工的生产工人和附属生产单位工人的各项费用。内容包括如下。

（1）计时工资或计件工资，是指按计时工资标准和工作时间或对已做工作按计件单价支付给个人的劳动报酬。

（2）奖金，是指对超额劳动和增收节支支付给个人的劳动报酬，如节约奖、劳动竞赛奖等。

（3）津贴补贴，是指为了补偿职工特殊或额外的劳动消耗和因其他特殊原因支付给个人的津贴，以及为了保证职工工资水平不受物价影响支付给个人的物价补贴。如流动施工津贴、特殊地区施工津贴、高温（寒）作业临时津贴、高空津贴等。

（4）加班加点工资，是指按规定支付的在法定节假日工作的加班工资和在法定日工作时间外延时工作的加点工资。

（5）特殊情况下支付的工资，是指根据国家法律、法规和政策规定，因病、工伤、产假、计划生育假、婚丧假、事假、探亲假、定期休假、停工学习、执行国家或社会义务等原因按计时工资标准或计时工资标准的一定比例支付的工资。

2. 材料费

材料费，是指施工过程中耗费的原材料、辅助材料、构配件、零件、半成品或成品、工程设备的费用。内容包括如下。

（1）材料原价，是指材料、工程设备的出厂价格或商家供应价格。

（2）运杂费，是指材料、工程设备自来源地运至工地仓库或指定堆放地点所发生的全部费用。

（3）运输损耗费，是指材料在运输装卸过程中不可避免的损耗。

（4）采购及保管费，是指为组织采购、供应和保管材料、工程设备的过程中所需要的各项费用。包括采购费、仓储费、工地保管费、仓储损耗。

工程设备，是指构成或计划构成永久工程一部分的机电设备、金属结构设备、仪器装置及其他类似的设备和装置。

材料单价的计算公式为

$$材料单价＝[(材料原价＋运杂费)×(1＋运输损耗率)]×(1＋采购及保管费率)$$

3. 施工机具使用费

施工机具使用费，是指施工作业所发生的施工机械、仪器仪表使用费或其租赁费。以施工机械台班耗用量乘以施工机械台班单价表示，施工机械台班单价应由下列7项费用组成。

（1）折旧费，是指施工机械在规定的使用年限内，陆续收回其原值的费用。

（2）大修理费，是指施工机械按规定的大修理间隔台班进行必要的大修理，以恢复其正常功能所需的费用。

（3）经常修理费，是指施工机械除大修理以外的各级保养和临时故障排除所需的费用。包括为保障机械正常运转所需替换设备与随机配备工具附具的摊销和维护费用，机械运转中日常保养所需润滑与擦拭的材料费用及机械停滞期间的维护和保养费用等。

（4）安拆费及场外运费：安拆费是指施工机械（大型机械除外）在现场进行安装与拆卸所需的人工、材料、机械和试运转费用以及机械辅助设施的折旧、搭设、拆除等费用；场外运费是指施工机械整体或分体自停放地点运至施工现场或由一施工地点运至另一施工地点的运输、装卸、辅助材料及架线等费用。

（5）人工费，是指机上司机（司炉）和其他操作人员的人工费。

（6）燃料动力费，是指施工机械在运转作业中所消耗的各种燃料及水、电等。

（7）税费，是指施工机械按照国家规定应缴纳的车船使用税、保险费及年检费等。

仪器仪表使用费，是指工程施工所需使用的仪器仪表的摊销及维修费用。

四、"营改增"后定额换算

预算定额的调整内容是根据"营改增"调整依据的规定和要求等修订完成的，不改变清单计价规范和预算定额的作用、适用范围及费用计价程序等。预算定额依据"价税分离"计价规则调整相关内容。

（1）从目前来说，"营改增"对人工费无影响，因此人工费不需要计算除税价格，按原来计价规则执行即可。

（2）材料费。

1）一般材料费除税调整。2016 年 5 月 1 日之前的信息价格基本上都是含增值税的材料价格，定额中各种材料也是按编制定额时的含税价格计入的，这些材料需要换算成除税价格，方可满足"营改增"后计价方式。2016 年 5 月份之后全国各地信息价编制分为营业税版（含增值税）和"营改增"版（不含增值税），我们在调整价差时根据计价方式可以选择除税市场信息价或不除税信息价计入。但是定额中部分材料信息价中缺项，这可以通过市场询价计入不含可抵扣增值税进项税的市场价格，其计算公式为

$$除税材料价格＝含税材料价格/（1＋税率/征收率）$$

营业税版信息价及"营改增"版信息价见表 3-2 和表 3-3。

表3-2   营业税版信息价

代号	产品名称	规格型号及特征	计量单位	市场信息价格
01. 黑色及有色金属				
01001001	热轧圆钢	6.5-8	t	2780.00
01001002	热轧圆钢	10	t	2760.00
01001003	热轧圆钢	12	t	2760.00
01001004	热轧圆钢	14	t	2760.00
01001005	热轧圆钢	16	t	2710.00
01001006	热轧圆钢	18-25	t	2810.00
01002001	不锈圆钢	12-28	t	13 740.00
01004001	热轧带肋钢筋	8-10Ⅲ级	t	2980.00
01004002	热轧带肋钢筋	12Ⅲ级	t	2830.00
01004003	热轧带肋钢筋	14Ⅲ级	t	2890.00
01004004	热轧带肋钢筋	16Ⅲ级	t	2730.00
01004005	热轧带肋钢筋	18Ⅲ级	t	2730.00
01004006	热轧带肋钢筋	22Ⅲ级	t	2730.00
01004007	热轧带肋钢筋	25Ⅲ级	t	2730.00

表3-3   "营改增"版信息价

代号	产品名称	规格型号及特征	计量单位	除税市场信息价格
01. 黑色及有色金属				
01001001	热轧圆钢	6.5-8	t	2380.00
01001002	热轧圆钢	10	t	2360.00
01001003	热轧圆钢	12	t	2360.00
01001004	热轧圆钢	14	t	2360.00
01001005	热轧圆钢	16	t	2320.00
01001006	热轧圆钢	18-25	t	2400.00
01002001	不锈圆钢	12-28	t	11 740.00
01004001	热轧带肋钢筋	8-10Ⅲ级	t	2550.00
01004002	热轧带肋钢筋	12Ⅲ级	t	2420.00
01004003	热轧带肋钢筋	14Ⅲ级	t	2470.00

代号	产品名称	规格型号及特征	计量单位	除税市场信息价格
01004004	热轧带肋钢筋	16Ⅲ级	t	2330.00
01004005	热轧带肋钢筋	18Ⅲ级	t	2330.00
01004006	热轧带肋钢筋	22Ⅲ级	t	2330.00
01004007	热轧带肋钢筋	25Ⅲ级	t	2330.00

各项材料适用税率准确选取，可根据供货单位开具增值税专用发票上载明的税率计算。材料预算单价包括材料原价、运杂费、运输损耗费、采购及保管费4项费用。材料原价进项税额原则按货物适用增值税税率17％、13％和征收率3％计算；运杂费进项税额原则按交通运输业增值税税率11％计算；运输损耗费进项税额以材料原价进项税额和运杂费进项税额之和乘以运输损耗率计算；采购及保管费原则应考虑进项税额抵扣。

2）定额中还有以"元"为单位的要素价格，这按各地规定的调整方式进行调整，一般是乘以一个小于1的系数进行调整。以下是北京地区以"元"为单位的要素价格调整方式。具体见表3-4。

表3-4　　　北京地区以"元"为单位的要素价格调整方式

项目名称		单位	调整方法
840027	推销材料费	元	以各定额子目的数量为基数×89.3％
840028	租赁材料费	元	以各定额子目的数量为基数×90.7％
840004	其他材料费	元	以各定额子目的数量为基数×96.6％
840016	机械费	元	以各定额子目的数量为基数×94.7％
840023	其他机具费	元	以各定额子目的数量为基数×94.7％
888810	中小型机械费	元	以各定额子目的数量为基数×94.7％
	03 通用安装工程第一册第573页：金属桅杆及人字架等一般起重机具的摊销费	元	按所安装设备净重量（包括设备底座、辅机）计算，按11.36元/t计取，列入措施项目费用中

说明：调整系数适用2012年《北京市建设工程计价依据——预算定额》、2012年《北京市房屋修缮工程计价依据——预算定额》、2014年《北京市城市轨道交通运营改造工程计价依据——预算定额》中对应编码的要素数量调整。

(3) 施工机具使用费。施工机械台班单价按信息价中除税市场信息价计入。信息价中缺项机械台班单价通过市场询价计入不含增值税进项税的市场价格。

施工机械台班单价可按租赁台班单价计价,"营改增"前原定额基价可按扣除单价中的营业税考虑,"营改增"后按有形动产租赁服务适用税率 17% 计算进项税额。

第三节 工 程 计 价

一、清单计价方式

建筑安装工程费按照工程造价形成由分部分项工程费、措施项目费、其他项目费、规费、税金组成,分部分项工程费、措施项目费、其他项目费包含人工费、材料费、施工机具使用费、企业管理费和利润。

(1) 分部分项工程费,是指各专业工程的分部分项工程应予列支的各项费用。

1) 专业工程,是指按现行国家计量规范划分的房屋建筑与装饰工程、仿古建筑工程、通用安装工程、市政工程、园林绿化工程、矿山工程、构筑物工程、城市轨道交通工程、爆破工程等各类工程。

2) 分部分项工程,是指按现行国家计量规范对各专业工程划分的项目。例如,房屋建筑与装饰工程划分的土石方工程、地基处理与桩基工程、砌筑工程、钢筋及钢筋混凝土工程等。

各类专业工程的分部分项工程划分见现行国家或行业计量规范。

(2) 措施项目费,是指为完成建设工程施工,发生于该工程施工前和施工过程中的技术、生活、安全、环境保护等方面的费用。内容包括如下。

1) 安全文明施工费。

① 环境保护费,是指施工现场为达到环保部门要求所需要的各项费用。

② 文明施工费，是指施工现场文明施工所需要的各项费用。

③ 安全施工费，是指施工现场安全施工所需要的各项费用。

④ 临时设施费，是指施工企业为进行建设工程施工所必须搭设的生活和生产用的临时建筑物、构筑物和其他临时设施费用。包括临时设施的搭设、维修、拆除、清理费或摊销费等。

2) 夜间施工增加费，是指因夜间施工所发生的夜班补助费、夜间施工降效、夜间施工照明设备摊销及照明用电等费用。

3) 二次搬运费，是指因施工场地条件限制而发生的材料、构配件、半成品等一次运输不能到达堆放地点，必须进行二次或多次搬运所发生的费用。

4) 冬雨季施工增加费，是指在冬季或雨季施工需增加的临时设施、防滑、排除雨雪，人工及施工机械效率降低等费用。

5) 已完工程及设备保护费，是指竣工验收前，对已完工程及设备采取的必要保护措施所发生的费用。

6) 工程定位复测费，是指工程施工过程中进行全部施工测量放线和复测工作的费用。

7) 特殊地区施工增加费，是指工程在沙漠或其边缘地区、高海拔、高寒、原始森林等特殊地区施工增加的费用。

8) 大型机械设备进出场及安拆费，是指机械整体或分体自停放场地运至施工现场或由一个施工地点运至另一个施工地点，所发生的机械进出场运输，以及转移费用，以及机械在施工现场进行安装、拆卸所需的人工费、材料费、机械费、试运转费和安装所需的辅助设施的费用。

9) 脚手架工程费，是指施工需要的各种脚手架搭、拆、运输费用以及脚手架购置费的摊销（或租赁）费用。

措施项目及其包含的内容详见各类专业工程的现行国家或行业计量规范。

（3）其他项目费。

1) 暂列金额，是指建设单位在工程量清单中暂定并包括在工程合同价款中的一笔款项。用于施工合同签订时尚未确定或者不可预见的所需材料、工程设备、服务的采购，施工中可能发生的工程变更、合同约定调整因素出现时的工程价款调整以及发生的索赔、现场签证确认等的费用。

2）计日工，是指在施工过程中，施工企业完成建设单位提出的施工图纸以外的零星项目或工作所需的费用。

3）总承包服务费，是指总承包人为配合、协调建设单位进行的专业工程发包，对建设单位自行采购的材料、工程设备等进行保管，以及施工现场管理、竣工资料汇总整理等服务所需的费用。

二、"营改增"后计价费率

人材机的调整见第二节，其余费率调整如下（图3-5）。

（1）企业管理费：目前全国范围内有两种方式，一种是以北京为代表的，企业管理费除包含原来的内容外，还包含附加税费（城市维护建设税、教育费附加、地方教育附加）和企业实施"营改增"工作增加的管理费用。另一种是企业管理费不含附加税金，附加税金与增值税合并成新的税金，此部分税金费率大于11%，如河北地区就是按此种方式。

（2）利润：暂不调整，按原定额费率计算。"营改增"前后计算方法一致。

（3）措施费：安全文明施工费、夜间施工增加费、二次搬运费、冬雨季施工增加费、已完工程及设备保护费等措施费，应在分析各措施费的组成内容的基础上，参照企业管理费费率的调整方法调整。

由于取费基数和费用内容发生变化，费率应做相应的调整，按照费用水平（发生额）"营改增"前后无显著变化考虑，调整费率。

（4）规费：暂不调整，按原定额费率计算。"营改增"前后计算方法一致。

（5）税金：根据具体适用的计税方法选用增值税税率11%或征收率3%计算。北京等地区增值税下城市维护建设税、教育费附加和地方教育附加等"附加税费"，可采取与企业管理费合并的综合费率方式计取；其余地区的计价方式参考附录各地"营改增"后造价计价规定。

人工费(除税)
材料费(除税)
施工机具费(除税)
管理费(除税)
规费(除税)
利润
销项税额

工程造价

税前造价

销项税额=税前造价×税率

人工费(除税)×(1+税率)
材料费(除税)×(1+税率)
机具费(除税)×(1+税率)
管理费(除税)×(1+税率)
规费(除税)×(1+税率)
利润×(1+税率)

工程造价

价税分离——规则对比

▶营业税下

工程造价
税前造价 税金
营业额
主营业务收入

▶增值税下

工程造价
税前造价 税金
销售额 销项税额
主营业务收入
应纳税额 进项税额

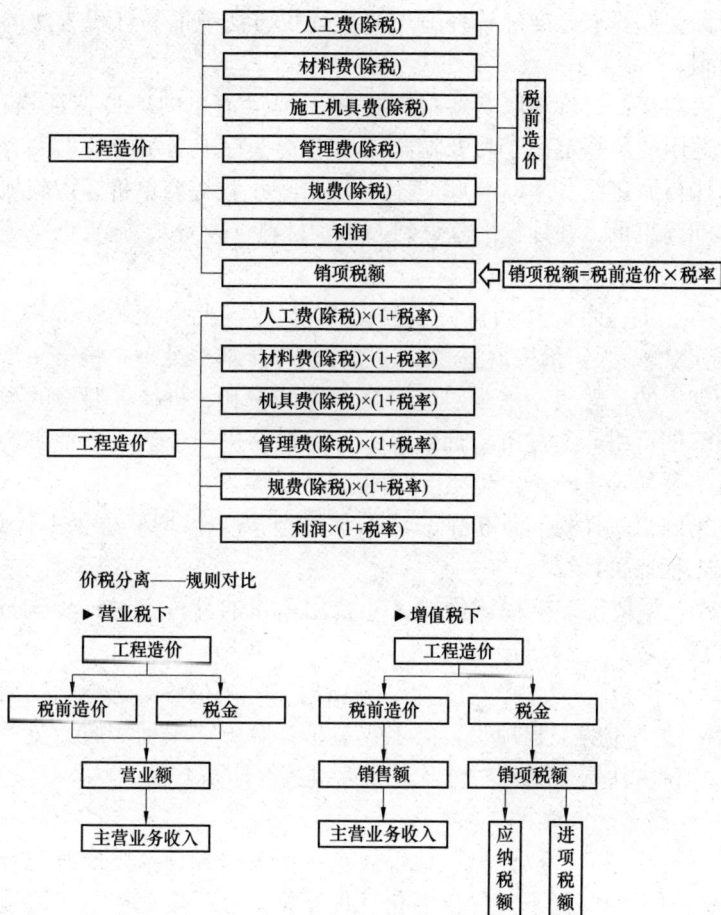

图3-5 "营改增"后计价费率图

三、"营改增"后清单计价程序

1. 招标控制价编制

通过应用"价税分离"计价规则，在招标工程量清单以及其他计价因素均不变的前提下，仅仅变化计价规则，进行增值税下工程造价编制。计价步骤如下。

第一步，确定计税方法。根据财税部门对工程服务项目具体适用计税方法的规定（财税〔2016〕36 号），结合工程服务项目的类别及招标文件要求，准确选择适用一般计税方法或简易计税方法的计价规则。

第二步，组价和取费。根据招标工程量清单的项目特征描述，执行适用的预算定额子目及调整后取费费率标准（实施意见没有调整的执行原定额费率标准），进行分部分项工程综合单价、措施项目等的准确组价，并计算汇总得到人工、材料（设备）、施工机具等单位工程汇总表。

第三步，询价和调价。工程将 2016 年《北京工程造价信息》（"营改增"版）价格信息载入，进行第一步换价处理；将第一步换价处理后的汇总表中缺少对应价格信息的材料、机械等要素的预算定额基期价格，通过市场询价以不含可抵扣进项税额的当期市场预算价格替换，进行第二步换价处理。

第四步，计税与计价汇总。工程税金按 11% 增值税税率计算，完成工程造价计算。

（1）增值税下工程造价的其他费用项目的计价方法、步骤与上述方法一致。

（2）清包工程、甲供工程、"老项目"等其他各类选择适用简易计税方法计税的工程项目，其工程造价计算方法根据实施意见的规定，计价方法、步骤等与营业税下工程造价计算类似。

2. 投标报价编制

通过应用"价税分离"计价规则，在工程量计算以及其他计价因素均不变的前提下，仅仅变化计价规则，进行增值税下工程造价计价。计价步骤如下。

第一步，确定计税方法。根据财税部门对工程服务项目具体适用计税方法的规定（财税〔2016〕36 号），结合工程服务项目的类别、投标人增值税纳税人身份类别和招标文件要求，准确选择适用一般计税方法或简易计税方法的计价规则。

第二步，算量和套定额（含取费）。工程量计算与营业税的计算过程一致。定额的套用与定额消耗量处理办法和营业税的计算过程一致。

第三步，询价和调价。与招标控制价编制存在差异，具体包括：要素价格、费用和利润，完全由投标人根据市场价格水平、结合自身管理能力（包括材料设备采购渠道）和装备、周转材料等配置情况，自主报价；具体费率可参照调整后的费率和市场竞争费率水平进行同步调整。人工工日单价可参考造价信息、市场价计算，需按不含可抵扣增值税进项税额的单价计入。

第四步，计税与计价汇总。与招标控制价编制一致。

（1）增值税下工程造价中其他费用项目的计价方法、步骤，与上述方法一致。

（2）清包工程、甲供工程、"老项目"等其他各类选择适用简易计税方法计税的工程项目，其工程造价计算方法根据实施意见的规定，计价方法、步骤等与营业税下工程造价计算类似。

（3）采用清单计价方式的投标报价编制，原则与定额计价方式的方法一致。

四、"营改增"对不同类型建筑的影响

（1）对仿古建筑工程、砖混结构建筑物影响较大，经测算施工单位成本增加约3%。（非黏土砖瓦、灰、砂、石、普通混凝土增值税征收率3%，增值税专用发票收集较为困难，即使抵扣后也需缴纳8%增值税）。

（2）对一般结构工程如框剪结构、剪力墙结构等影响较小，经测算施工单位成本约减少3%。

（3）对钢结构工程产生有利影响较大，施工单位的增值税纳税额有可能为负值（钢结构工程材料费占工程造价比例大，可抵扣的17%增值税额，有可能大于建筑工程11%增值税额）。

第四节 "营改增"造价案例

【案例3-2】 某项目为阳光花园小区工程，建筑类别为住宅，檐高65m，建筑总面积为80 000m²。直接费含税价格如下：人工费为1698.56万元，材料费为3754.6万元，施工机具使用费（租赁）为1477.77万元；材料费组成见表3-5、表3-6。

表 3 - 5 材料组成费（含税）

序号	材料名称	单位	工程量	单价（含税）/元	合价/元	备注
1	钢筋直径 8～25	t	5000	2730	13 650 000	
2	商品混凝土 C30	m³	25 000	360	9 000 000	
3	普通硅酸盐水泥 42.5（袋装）	t	20 000	303	6 060 000	
4	中砂	m³	15 000	68	1 020 000	
5	加气混凝土砌块 600×240×150	m³	8000	283	2 264 000	
6	烧结标准砖	块	300 000	0.59	177 000	
7	冷轧钢板 0.7mm	t	1200	3800	4 560 000	
8	自来水	m³	100 000	8.15	815 000	
9	合计				37 546 000	

表 3 - 6 材料组成费（除税）

序号	材料名称	单位	工程量	单价（含税）/元	合价/元	备注
1	钢筋直径 8～25	t	5000	2330	11 650 000	
2	商品混凝土 C30	m³	25 000	350	8 750 000	
3	普通硅酸盐水泥 42.5（袋装）	t	20 000	259	5 180 000	
4	中砂	m³	15 000	66	990 000	
5	加气混凝土砌块 600×240×150	m³	8000	242	1 936 000	
6	烧结标准砖	块	300 000	0.5	150 000	
7	冷轧钢板 0.7mm	t	1200	3250	3 900 000	
8	自来水	m³	100 000	7.2	720 000	
9	合计				33 276 000	

"营改增"后分析如下。

1. 人工费

人工费无法实现抵扣，1698.56 万元应全数计入工程造价。但是作为总承包企业，此部分费用若是按劳务分包，即以包清工形式承包出去，分包结算时可以选择简易计税方法，增值税征收率为3％，以降低施工成本。对于建设单位而言，与施工单位结算时作为直接费的一部分，参与工程造价取费。

2. 材料费

材料费可以实现抵扣，但是要区分不同增值税税率或征收率。

3. 施工机具使用费

本工程中所有机械为租赁，按有形动产租赁服务的税率扣除相应税额，税率为17％。

施工机具使用费除税价格＝1477.77/(1+17％)＝1263.05（万元）

含税直接工程费＝人工费＋材料费＋施工机具使用费

$$=1698.56+3754.6+1477.77=6930.93（万元）$$

除税直接工程费＝人工费＋材料费（除税）＋施工机具使用费（除税）

$$=1698.56+3327.6+1263.05=6289.21（万元）$$

以下费率按北京市"营改增"前后五环路以外为准（详见附录B）。

(1) "营改增"前。

企业管理费＝6930.93×8.46％＝586.36（万元）

利润＝(6930.93＋586.36)×7％＝526.21（万元）

安全文明施工费＝(6930.93＋586.36＋526.21)×5.21％

$$=419.07（万元）$$

规费＝1698.56×20.25％＝343.96（万元）

税金＝(6930.93＋586.36＋526.21＋419.07＋343.96)×3.48％

$$=306.47（万元）$$

工程造价＝6930.93＋586.36＋526.21＋419.07＋343.96＋306.47

$$=9113（万元）$$

(2) "营改增"后。

企业管理费＝6289.2×9.9％＝622.63（万元）

利润＝(6289.2＋622.63)×7％＝483.83（万元）

安全文明施工费＝(6289.2＋622.63＋483.83)×4.88％

$$=360.91（万元）$$

规费＝1698.56×20.25％＝343.96（万元）

税金＝(6289.21＋622.63＋483.83＋360.91＋343.96)×11％

　　　＝891.06（万元）

工程造价＝6289.21＋622.63＋483.83＋360.91＋343.96＋891.06

　　　＝8991.6（万元）

通过对比可以发现"营改增"后，在取得所有采购材料增值税专用发票的前提下，工程造价可以节约 9113－8991.6＝121.4（万元）。

第四章

造 价 管 理

第一节 招投标与合同管理

一、"营改增"招标文件的影响

招标文件应当考虑纳税资格不同对评标价格的影响：评标时应考虑投标人是一般纳税人还是小规模纳税人，提供的结算票据是增值税专用发票还是普通发票，增值税税率是多少，能否抵扣，再分析、评定报价的合理性和高低。

招标文件中应当明确价格、增值税额及价外费用等，如果不做特别约定，营业税一般由服务的提供方或者无形资产的转让方承担。而增值税作为价外税，一般不包括在合同价款中，因此在招标文件及合同条款中应分别明确价格及增值税额。此外，在采购过程中，可能会发生各类价外费用，价外费用金额涉及增值税纳税义务以及供应商开具发票的义务，有必要在合同中约定价外费用以及价外费用金额是否包含增值税。

合同条款中应当明确对发票提供、付款方式等条款的约定：因为增值税专用发票涉及抵扣环节，开具不了增值税专用发票或者增值税发票不合规，都将给受票方造成法律风险和经济损失。此外，增值税发票有在 180 天内认证的要求，有必要对发票的提供方式与付款条件挂钩，规避提前支付款项后发生发票认证不了、虚假发票等情况。

此外，招标文件中对计价依据、计税方法（一般计税法、简易计税法）、工程量清单、报价表格及格式、"税率"变更为"增值税"等内容的描述也需做相应修改。

二、"营改增"对投标报价的影响

"营改增"后,新的定额造价体系没有建立。目前,住建部虽然下发了《关于做好建筑业"营改增"建设工程计价依据调整准备工作的通知》,但只是原则上做出了"价税分离"的规定,行业定额和地区定额还没有依据新的造价体系编制出"营改增"后的新定额,投标只能估算,影响投标报价。

(1)建筑企业承揽工程项目,根据当前市场环境和资质要求,通常以企业集团资质中标的项目占有较大的比重,而施工通常由法人子公司所属项目部负责实施。一般均以中标单位名义与业主签订工程承包合同,并向业主开具发票;但工程项目的成本、费用等均在实际施工单位发生,这种情况将造成建筑业"营改增"后工程实施主体与纳税主体不一致问题,即销项税在中标单位而进项税在实际施工单位,进项税和销项税不属于同一纳税主体,从而造成增值税抵扣链条断裂,无法抵扣进项税,导致企业集团整体增值税税负增大。

另外,中标单位与实际施工单位之间一般不签订工程承包或分包合同,而依据内部任务分劈文件或授权文件明确双方的经济关系及职责,双方并无合同关系,内部总分包之间不开具发票。在建筑业"营改增"后,由于中标单位与实际施工单位之间没有合同关系,将无法建立增值税抵扣链条,实现进项税抵扣。

转包、提点大包、挂靠等无法生存。在全额转包或提点大包的情况下,发包人因无法取得可抵扣的进项税发票,导致税负增加,增加幅度甚至超过收取的管理费或利润,从而使利润大额缩水,甚至出现亏损。另外,如果协议签订的是发包方提取的管理费比例不含税,意味着所有税负由转包方承担,转包方可能会取得抵扣发票,也可能以降低采购价格来补偿增加的税负,但无论采取何种方式,转包方的预期收益将会因此降低,直接导致偷工减料等影响质量和安全的行为发生。

挂靠项目实施时,为降低采购成本,挂靠单位购买材料往往不要发票,被挂靠单位就不能获得进项抵扣发票,税负自然就会提高。如果开具增值税专用发票,材料供应商往往会趁机加价,挂靠方利润又将大幅减少，直接导致偷工减料等影响质量和安全的行为发生。为降低税负，部分挂靠方铤而走险，通过非法途径获得可抵扣发票，但因缺乏真实的交易行为，有骗税嫌疑，一旦被税务机关发现，其后果将难以估计。

以上在"营改增"后都不能操作，转包、提点大包、挂靠等方式将无法生存。

（2）做好新项目投标的成本测算、报价、合同签订等方面的管控和应对。"营改增"实施后，业主招投标的规则将发生相应变化，企业的经营思维、经营模式需要按增值税下报价。施工企业要组织对现有的施工项目进行详细梳理，统计整理项目类型、行业性质、业主身份、完工情况、验工结算、资金拨付、供应商身份等项目信息，掌握施工许可证及施工合同签订情况，摸清业主对增值税发票的倾向性要求。

一要充分考虑企业资质、投标模式等标前税收筹划工作，合理使用企业资质，采取最优的投标模式，优化投标组合。

二要尽量规避甲供工程项目模式，防止企业劳务化。

三要建立新项目报价测算模型，确定投标报价方案。

企业应跟踪研究住建部和有关部委即将出台的计价调整办法，拟订企业的工程造价、市场报价体系和策略，积极适应含税价模式的调整变化，与市场规则紧密对接。营改增后一段时期内没有相关的定额，企业应根据一些企业模拟后的测算成果进行报价，测算进项税的比例，计算不含税造价，估算应交增值税金额，测算城市维护建设税和教育费附加。

根据《住房城乡建设部办公厅关于做好建筑业"营改增"建设工程计价依据调整准备工作的通知》可知，工程造价的计算公式为

$$工程造价 = 税前工程造价 \times (1 + 11\%)$$

其中，11%为建筑业征增值税税率，税前工程造价为人工费、材料费、施工机具使用费、企业管理费、利润和规费之和，各费用项目均以不包含增值税可抵扣进项税额的价格计算，相应计价依据按上述方法调整。

三、"营改增"对合同管理的影响及对策

（1）分包结算滞后导致进项税抵扣不及时。总包方和分包方之间存在验工计价滞后或工程款拖欠等情况，导致分包方不能及时验工计价并拿到已完工程计价款，造成总包方不能及时取得分包方开具的增值税专用发票，从而不能及时抵扣进项税，总包方要垫付本该抵扣的增值税，造成前期资金压力较大。

（2）分包成本中材料、设备部分的进项税抵扣不足。专业分包中包含大量的材料、设备，相关进项税由分包方抵扣，分包方一般可抵扣17%的进项税，而总包方取得其开具的建筑业增值税专用发票只能按11%的税率抵扣进项税，与直接采购相比，少抵扣6%的进项税。

签订合同时应注意以下事项。

（1）合同签订时应当审查对方的纳税资格，并在合同中完善当事人名称和相关信息。

1）"营改增"之后，原来的服务提供方从营业税纳税人，可能变为增值税一般纳税人，服务提供方的增值税作为进项税可以被服务接受方用以抵扣。因此，签订合同时要考虑服务提供方是一般纳税人还是小规模纳税人，提供的结算票据是增值税专用发票还是普通发票，增值税税率是多少，能否抵扣，再分析、评定报价的合理性，从而有利于节约成本、降低税负，达到合理控税，降本增效的目的。

2）合同双方名称的规范性要求要高于原来的营业税纳税体系。在原有的营业税体系下，虽然也有发票开具的规范性要求，但相对而言，增值税体系下对服务提供方开具发票将更为严格。在原有体系下并不需要特别提供纳税人识别号信息，但现在服务接受方需要把公司名称、纳税人识别号、地址、电话、开户行、账号信息主动提供给服务提供方，用于服务提供方开具增值税专用发票。

（2）规范合同范本："营改增"下对合同条款中价格标准、发票取得（类型、税率、提供时间等）、付款方式等涉税重要事项要求严格，应建立标准合同范本库进行规范。

合同要素的合理确定："营改增"下除关注价格外，一方面需要

科学合理地确定合同范围,充分考虑合同中材料设备的进项税抵扣因素,确定合理的价格区间,合理降低工程价格;另一方面需明确业务付款和发票开具的条件和时间,这有利于减少销项税的抵扣时间,降低资金占有。

甲供工程的界定:双方需要明确甲供材料涉及的纳税方式,简易征收还是一般纳税,双方要各自平衡各自的税负情况。

(3)发票提供、付款方式等条款的约定。

1)因为增值税专用发票涉及抵扣环节,开具不了增值税专用发票或者增值税发票不合规,都将给受票方造成法律风险和经济损失,应当考虑将取得增值税发票作为一项合同义务列入合同的相关条款,同时考虑将增值税发票的取得和开具与收付款义务相关联。一般纳税人企业在营改增后可考虑在合同中增加"取得合规的增值税专用发票后才支付款项"的付款方式条款,规避提前支付款项后发现发票认证不了、虚假发票等情况的发生。

2)因虚开增值税专用发票的法律后果非常严重,最高会面临无期徒刑的刑罚,因此在合同条款中应特别加入虚开条款。约定如开票方开具的发票不规范、不合法或涉嫌虚开,开票方不仅要承担赔偿责任,而且必须明确不能免除其开具合法发票的义务。

3)增值税发票有在180天内认证的要求,合同中应当约定一方向另一方开具增值税专用发票的,一方应派专人或使用挂号信件或特快专递等方式在发票开具后及时送达对方,如逾期送达导致对方损失的,可约定相应的违约赔偿责任。

4)在涉及货物质量问题的退货行为时,如果退货行为涉及开具红字增值税专用发票的行为,应当约定对方需要履行协助义务。具体可以参考《国家税务总局关于全面推行增值税发票系统升级版有关问题的公告》(2015年第19号,2015年4月1日施行)中"关红字专用发票的办理手续"等相关规定。

5)如果合同中约定了质保金的扣留条款,那么质保金的扣留也会影响到增值税开票金额。所以合同中还应约定收款方在质保金被扣留时,需要开具红字发票,付款方应当配合提供相关资料。

(4)合同谈判,制定不同的谈判策略。施工单位应针对不同类型的业主制定不同的价格谈判策略，争取最大程度将增值税税负转移给业主，最大限度消除"甲供材"的不利影响。双方需要明确甲供材料涉及的纳税方式，简易征收还是一般纳税，双方都要各自平衡各自税负情况。

第二节 造 价 管 理 实 操

一、工程材料设备采购

通过对"营改增"及相关内容的分析，我们可以看出，工程材料设备采购关键是增值税发票的取得与管理，针对增值税发票需要注意以下几点。

（1）增值税发票分为增值税专用发票和增值税普通发票。对于开票人来说，不论开具增值税专用发票还是增值税普通发票，其要缴纳的增值税是相同的；但对本身就是增值税一般纳税人的受票人来说，取得的是增值税专票发票还是增值税普通发票则差异巨大。受票人取得增值税专用发票，发票上的增值税额可以作为受票人的进项税额抵扣受票人应税行为产生的增值税销项税额，即对受票人有减税作用，而增值税普通发票则无此功能。

（2）税务文件规定，除受票人是消费者个人和适用免税规定的情形外，纳税人发生应税行为，应当向索取增值税专用发票的购买方开具增值税专用发票。即我方公司作为非个人消费者，要求对方开具增值税专用发票是我方的一项权利，绝不是不合法或不合理的要求。

（3）税务文件规定，小规模纳税人发生应税行为，购买方索取增值税专用发票的，可以向主管税务机关申请代开。即货物或服务提供方以自己是小规模纳税人为由不向我方提供增值税专用发票的理由是错误的，应要求对方向其主管税务机关申请代开增值税专用发票。

材料分类采购管理。

（1）各地自产自用的以及很多二、三类材料（零星材料和初级材料如砂、石等），因供料渠道多为小规模企业或个体、私营企业及当地老百姓个人，通常只有普通发票甚至只能开具收据，难以取得可抵扣的增值税专用发票。此部分材料采购应严格测算使用材料的工程量，合理制订使用规划，做到工程完工不剩或少剩材料。

（2）可开具正规增值税专用发票的材料或设备，应严格执行比质比价，对所采购的材料或设备严格筛选。尤其是把增值税专用发票开具作为重要的筛选条件，不但考虑本身的价格，还要考虑对整个工程成本的影响。

【案例 4-1】 某工程采购合同，在对方能够向我方开具增值税税率为 11％的增值税专用发票的情况下，我方业务人员判断该合同的合理工程价款为 1000 万元，则在对方只能提供增值税征收率为 3％的增值税专用发票时，该合同的合理工程价款应为

$$1000/(1+11\%)\times(1+3\%)=927.93（万元）$$

【案例 4-2】 某项设计委托合同，在对方能够给我方开具增值税税率为 6％的增值税专用发票的情况下，我方业务人员判断该合同的合理设计费用为 100 万元，则在对方只能提供增值税征收率为 3％的增值税专用发票时，给合同的合理设计费用应为

$$100/(1+6\%)\times(1+3\%)=97.17（万元）$$

这里需要提醒的是，以上换算原则只适用于我方能够取得增值税专用发票的情况，如果我方只能取得增值税普通发票，不论对方适用的增值税税率是多少，对我方而言都与零税率一样。以上面的施工合同为例，如果对方坚持只提供增值税普通发票，则该合同的合理工程价款应为

$$1000/(1+11\%)\times(1+0\%)=90.09（万元）$$

二、甲供材料设备对策

"甲供材"是指全部或部分设备、材料、动力由工程发包方（甲方）自行采购，提供给建筑施工企业（乙方）用于建筑、安装、装修和装饰一种的建筑工程。即甲供工程，是指全部或部分设备、材料、动力由工程发包方自行采购的建筑工程。

"甲供材"中建筑企业计算增值税的销售额体现为两个方面：一是建筑企业在选择一般计税方法计算增值税的情况下，销售额是建筑企业发生建筑应税行为向发包方或业主收取得的全部价款和价外

费用；二是建筑企业在选择简易计税方法计算增值税的情况下，销售额是建筑公司向业主收取得的全部价款和价外费用扣除支付分包款后的余额。例如甲房地产公司与乙建筑企业签订的甲供材合同约定：合同总价款为1亿元（含增值税），其中甲方自己采购主材2000万元，则选择一般计税方法计算增值税的乙建筑公司计算增值税的销售额是8000万元。

一般纳税人为甲供工程提供的建筑服务，可以选择适用简易计税方法计税。根据此规定可以看出，建筑企业选择按一般计税方式计税，还是选择按简易办法计税的关键在于税负的临界点的计算。

建造服务的适用税率是11%，而设备、材料、动力的适用税率一般均是17%。据此，可以大概计算出"甲供材"中建筑企业增值税计税方式选择的临界点。

假设甲供材合同中约定的工程价税合计（不含甲方购买的材料和设备）为A，则"甲供材"中建筑企业选择一般计税方式和简易计算税方法下的增值税计算如下。

（1）一般计税方式下的应缴增值税。

应缴增值税＝A×11%/(1+11%)－建筑企业采购材料物质的进项税额
＝9.91%×A－建筑企业采购材料物质的进项税额

（2）简易办法下的应缴增值税。

应缴增值税＝A×3%/(1+3%)＝2.91%×A

（3）两种方法下税负相同的临界点。

9.91%×A－建筑企业采购材料物质的进项税额＝2.91%×A

由以上计算公式可以推导出

建筑企业采购材料物质的进项税额＝7%×A

（4）由于在一般情况下，建筑企业采购材料物质的适用税率一般均是17%，于是，推导出临界点。

建筑企业采购材料物质的进项税额＝建筑企业采购材料物质价税合计×17%/(1+17%)＝7%×A

（5）计算临界点。

建筑企业采购材料物质价税合计＝48.18%×A

（6）结论。在"甲供材"模式下，建筑企业选择按一般计税方法或者简易计税方法的临界点参考值是建筑企业采购材料物质价税合计=48.18%×"甲供材"合同中约定的工程价税合计具体论述如下。

① 建筑企业采购材料物质价税合计＞48.18%×"甲供材"合同中约定的工程价税合计，则选择一般计税方法有利。

② 建筑企业采购材料物质价税合计＜48.18%×"甲供材"合同中约定的工程价税合计，则选择简易计税方法有利。

三、分包造价管理

1. 劳务分包

"营改增"后，劳务派遣企业不能开具建筑业增值税专用发票，总承包企业因不能取得增值税发票而无法对这部分劳务分包成本抵扣进项税，在一定程度上增加了总承包企业的增值税税负。

总承包企业为了培养自己的作业层队伍及规避劳务用工风险，成立了综合作业队、专业作业队等内部作业队，在项目部承担急、难、险、重施工任务。内部作业层队伍形式的劳务分包，由项目部与队伍签订内部经济承包协议，以工资单形式结算和支付。因队伍自身未取得国家工商行政注册，且无相关的资质证照，因此，就不能开具增值税专用发票，总包方也就不能抵扣进项税。

总承包企业与被挂靠企业签订劳务分包合同，并取得被挂靠企业开具的发票，但分包价款由总承包企业直接支付给挂靠队伍，收款方与合同主体、发票开具主体不一致。在这种形式下，造成业务流、资金流、发票流"三流不合一"，给总承包企业带来了法律风险和后期的审计风险。

一是加强分包结算管理，按合同约定及时办理验工计价手续，并取得分包方开具的增值税专用发票。

这点与专业分包一样，总包方既要在劳务分包合同中明确先开票后付款及增值税专用发票开具时间，还要严格按合同约定及时对分包方办理验工计价手续，避免因自身原因造成分包方发票开具不及时。

二是对不能提供增值税专用发票的劳务分包方，采取纯劳务分包模式。

分包内容仅仅为人工费，总包方自行采购分包工程所需的包含二、三项料、小型机具在内的材料和设备等，并取得增值税专用发票，增加总包方的进项税抵扣额。

三是对于能提供增值税专用发票的劳务分包方，总包方应提前综合考虑劳务分包内容。

总包方应充分考虑将部分预计不能取得增值税专用发票的材料费、设备租赁费等纳入劳务分包范围，由分包方统一开具增值税专用发票，从而抵扣进项税。

2. 专业分包

"营改增"后，专业分包企业也能提供税率为11%的建筑业增值税专用发票，总承包企业可据此抵扣进项税。但是，基于专业分包内容及结算特点，"营改增"后对施工总承包企业仍存在以下影响：分包结算滞后导致进项税抵扣不及时；分包成本中材料、设备部分的进项税抵扣不足；分包结算滞后导致进项税抵扣不及时；因分包方资质和能力问题不能开具增值税专用发票。

一是加强分包结算管理，按合同约定及时办理验工计价手续，并取得分包方开具的增值税专用发票。

一方面，总包方在与专业分包方签订的专业分包合同中，坚持先开票后付款的原则，明确分包方提供发票的类型、适用税率及提供时间等，并约定分包方必须在验工计价确认后一定时间内开具增值税专用发票，总包方在取得增值税专用发票后，再向其拨付验工计价款。另一方面，总包方要严格按合同约定及时对分包方现场已完工程进行验收、计价，杜绝验工计价滞后及价款拖欠现象，避免分包方因总包方原因造成发票开具不及时。

二是加强分包合同价格管理，考虑物资设备的可抵扣进项税，合理确定分包合同价格。

专业分包中的材料、设备所占比重较大，且分包方在"营改增"后基本上是增值税一般纳税人。对分包方而言，如果能取得税率为17%的分包工程的材料和设备增值税专用发票，则其进项税抵扣率就为17%，高于销项税的适用税率11%，与营业税相比，分包方的材料和设备成本将有较大幅度降低。因此，总包方在专业分包时，应充分考虑分包合同中材料、设备的进项税抵扣因素，提前测算分包方由于进销项税率差而多抵扣的进项税，从而确定合理的分包价格区间，在与分包方进行合同价格谈判时，合理地降低分包单价，适当弥补由于进项税抵扣率降低带来的损失。或者对分包工程中的主要材料、设备采取总包方供应的方式，由总包方直接采购并取得17％的增值税专用发票，抵扣较高的进项税。

第三节　施工项目成本管理

一、施工项目成本管理概念

施工成本，是指在建设工程项目的施工过程中所发生的全部生产费用的总和，包括消耗的原材料、辅助材料、构配件等费用，周转材料的摊销费或租赁费，施工机械的使用费或租赁费，支付给生产工人的工资、奖金、工资性质的津贴等，以及进行施工组织与管理所发生的全部费用支出。建设工程项目施工成本由直接成本和间接成本组成。

（1）直接成本。直接成本是指施工过程中耗费的构成工程实体或有助于工程实体形成的各项费用支出，是可以直接计入工程对象的费用，包括人工费、材料费、施工机械使用费和施工措施费等。

（2）间接成本。间接成本是指为施工准备、组织和管理施工生产的全部费用的支出，是非直接用于也无法直接计入工程对象，但为进行工程施工所必须发生的费用，包括管理人员工资、办公费、差旅交通费等。

施工项目成本管理就是在保证满足工程质量、工期等合同要求的前提下，施工单位对项目实施过程中发生的费用，通过计划、组织、控制和协调等活动实现预定成本目标，并尽可能降低成本费用的一种科学的管理活动。施工企业对项目成本管理的主要环节和内容包括成本预测、成本决策、成本控制、成本核算、成本分析和成本考核等。

二、成本预测

成本预测是指运用一定的科学方法，对未来成本水平及其变化趋势做出科学的估计。通过成本预测，掌握未来的成本水平及其变动趋势，有助于减少决策的盲目性，使经营管理者易于选择最优方案，做出正确决策。

在现代成本管理中，成本预测采用了一系列科学缜密的程序与方法，基本上能够把握成本变化的规律性。因此，成本预测的结果是比较可靠的。但是，由于是根据历史资料来推测未来，成本预测不可避免的就具有局限性，这种局限性主要体现在不准确即近似这一点上。可靠性与近似性的对立统一是成本预测的显著特点。

成本预测是组织成本决策和编制成本计划的前提。通过成本预测，掌握未来的成本水平及其变动趋势，有助于把未知因素转化为已知因素，帮助管理者提高自觉性，减少盲目性；做出生产经营活动中所可能出现的有利与不利情况的全面和系统分析，还可避免成本决策的片面性和局限性。

1. 成本预测方法

定量预测法，是指根据历史资料以及成本与影响因素之间的数量关系，通过建立数学模型来预计推断未来成本的各种预测方法的统称。

趋势预测法，是按时间顺序排列有关的历史成本资料，运用一定的数学模型和方法进行加工计算并预测的各类方法。

趋势预测法包括简单平均法、平均法和指数平滑法等。

因果预测法，是根据成本与其相关之间的内在联系，建立数学模型并进行分析预测的各种方法。

因果预测法包括本量利分析法、投入产出分析法、回归分析法等。

定性预测法，是预测者根据掌握的专业知识和丰富的实际经验，运用逻辑思维方法对未来成本进行预计推断的方法的统称。

2. 成本预测程序

（1）根据企业总体目标提出初步成本目标。

（2）初步预测在目前情况下成本可能达到的水平，找出达到成本目标的差距。其中初步预测，就是不考虑任何特殊的降低成本措施，按目前主客观条件的变化情况，预计未来时期成本可能达到的水平。

（3）考虑各种降低成本方案，预计实施各种方案后成本可能达到的水平。

（4）选取最优成本方案，预计实施后的成本水平，正式确定成本目标。

三、成本决策

成本决策是指根据成本预测情况，经过科学地分析、判断，决策出建筑施工项目的最终成本。它是以提高经济效益为最终目标，强调划清可控与不可控因素，在全面分析方案中的各种约束条件，分析比较费用和效果的基础上，进行的一种优化选择，也是企业对施工项目未来进行成本的计划额控制的一个非常重要的步骤。

成本决策的方法很多，因成本决策的内容及目的不同而采用的方法也不同，主要有总额分析法、差量损益分析法、相关成本分析法、成本无差别点法、线性规划法、边际分析法等。

成本决策是成本管理工作的核心，成本管理的思路、方法都得由成本决策确定。

四、成本计划

施工成本计划是以货币形式编制施工项目的计划期内的生产费用、成本水平、成本降低率以及为降低成本所采取的主要措施和规划的书面方案，它是建立施工项目成本管理责任制、开展成本控制和核算的基础，它是该项目降低成本的指导性文件，是设立目标成本的依据。可以说，施工成本计划是目标成本的一种形式。

对于一个施工项目而言，其成本计划是一个不断深化的过程。在这一过程的不同阶段形成深度和作用不同的成本计划，按其作用可分为三类。

（1）竞争性成本计划。即工程项目投标及签订合同阶段的估算成本计划。这类成本计划以招标文件中的合同条件、投标者须知、技术规程、设计图纸或工程量清单等为依据，以有关价格条件说明为基础，结合调研和现场考察获得的情况，根据本企业的工料消耗标准、水平、价格资料和费用指标，对本企业完成招标工程所需要支出的全部费用的估算。

（2）指导性成本计划。即选派项目经理阶段的预算成本计划，是项目经理的责任成本目标。它以合同标书为依据，按照企业的预算定额标准制订的设计预算成本计划，且一般情况下只是确定责任总成本指标。

（3）实施性计划成本。即项目施工准备阶段的施工预算成本计划，它以项目实施方案为依据，落实项目经理责任目标为出发点，采用企业的施工定额通过施工预算的编制而形成的实施性施工成本计划。

施工成本计划的内容如下。

（1）编制说明。编制说明指对工程的范围、投标竞争过程及合同文件、承包人对项目经理提出的责任成本目标、施工成本计划编制的指导思想和依据等的具体说明。

（2）施工成本计划的指标。施工成本计划的指标应经过科学的分析预测确定，可采用对比法、因素分析法等进行测定。施工成本计划一般情况下有以下三类指标。

1）成本计划的数量指标。

2）成本计划的质量指标。

3）成本计划的效益指标。

（3）按工程量清单列出的单位工程计划成本汇总表。

（4）按成本性质划分的单位工程成本汇总表。

根据工程清单项目的造价分析，分别对人工费、材料费、机械费、措施费、企业管理费和税费进行汇总，形成单位工程成本计划表。

五、成本控制

从工程投标报价开始，直至项目竣工结算完成为止，贯串于项目实施的全过程。在施工中通过对人工费、材料费和施工机械使用费，以及工程分包费用进行控制。施工成本控制就是要在保证工期和质量的满足要求的前提下，采取相应管理措施，包括组织措施、经济措施、技术措施、合同措施把成本控制在计划范围内，并进一步寻求最大程度的成本节约。

项目成本控制涉及对于各种能够引起项目成本变化因素的控制

（事前控制），项目实施过程的成本控制（事中控制）和项目实际成本变动的控制（事后控制）三个方面。

1. 施工项目成本控制要点

项目部是成本控制中心，其成本核算对象是项目部的各个单项工程成本。项目成本控制包括成本预测、实施、核算、分析、考核、整理成本资料与编制成本报告。成本控制应按下列程序进行。

（1）由商务部会同项目经理部共同确定项目成本计划。

（2）项目经理部编制目标成本。

（3）项目经理部实施目标成本。

（4）商务部会同工程财务部、物资部、生产管理部共同审定项目成本报告，监督目标成本的实施情况。

（5）项目经理部、生产管理部、合同预算部、工程财务部对反馈的工程信息进行分析考核，具体程序如下：项目部在承揽工程后，根据工程特点和施工组织设计，编制人工、材料、机械的成本计划，对该工程进行成本预测，并将成本计划报预算部审验备案；项目部根据计划成本，按成本项目制定出目标成本，财务部门会同合同商务部、生产管理部以计划成本和目标成本为依据对成本实施控制。

2. 建立严密有效的项目成本内控体系

企业内部控制体系，具体应包括三个相对独立的控制层次。第一个层次是在项目部全过程中融入相互牵制、相互制约的制度，建立以防为主的监控防线。第二个层次是在有关人员在从事业务时，必须明确业务处理权限和应承担的责任，对一般业务或直接接触客户的业务，均要经过复核，重要业务实行各职能部门签认制，专业岗位应配备责任心强、工作能力全面的人员担任此职，并纳入程序化、规范化管理，将监督的过程和结算定期直接反馈给财务部门的负责人。第三个层次是以现有的稽核、审计、纪律检查部门为基础，成立一个由公司直接领导并独立于被审计项目部的审计小组。审计小组通过内部常规稽核、项目审计、落实举报、监督审查会计报表等手段，对项目部实施内部控制，建立有效的以"查"为主的监督防线。以上三个层次构筑的内部控制体系对项目发生的经济业务进行防、堵、查，递进式的监督控制，对于及时发现问题、防范和化解项目部的经营风险和会计风险，将具有重要的作用。

3. 项目成本控制重在落实

项目成本控制贯串于工程项目施工的全过程，要逐项循序渐进地进行落实，责任到人，按照制度和有关章程办理，努力抓出实效。在项目成本控制过程中主要注重以下内容。

（1）掌握工程基本情况。决策层及管理层要通过调查而了解该项工程的标书编制情况。定额的费用、取费标准、中标价、主要工程量、施工现场的周围环境、掌握进入现场施工队伍的技术状况、人员素质、设备能量、工程工期以及要求的开工竣工时间、工程施工的难易程度，制订出科学的施工方案和有效的施工方法。

（2）分解成本控制指标，高度重视主要成本项目。在工程施工中，主要成本项目是工程直接材料，它在直接成本中一般要占60%以上，所以，应高度重视该项目的成本控制，它是降低成本潜力最大的成本控制项目。首先，要从价格上予以控制。

（3）机械使用费的控制。合理确定机械台班定额，把单车单机核算落实到机型和操作者个人，做到事前测算、事中控制、事后考核，提高机械使用效率，争取超额完成台班定额工作量，同时，注意控制机械设备的维护成本。

（4）控制人工费成本和现场经费。一方面抓好人员编制，定岗定员，工程项目组织结构要精干、高效，尽量缩小中标人工费与实际工资标准的差距。另一方面注意间接费用的控制，保持一支笔审批经费制度，特别控制招待费、差旅费、办公费、电话费、低值易耗品的耗用等杂项开支。

六、成本核算

项目成本核算是通过一定的方式方法对项目施工过程中发生的各种费用成本进行逐一统计考核的一种科学管理活动。成本核算通常以会计核算为基础，以货币为计量单位。成本核算是成本管理的重要组成部分，对于企业的成本预测和企业的经营决策等存在直接影响。

项目成本核算一般以每一独立编制施工图预算的单位工程为对象，但也可以按照承包工程项目的规模、现场等情况，结合成本控制的要求，有以下几种划分核算对象的方法：工期、结构类型、施工组织和施工灵活划分成本核算对象。

成本核算是施工企业成本管理的一个极其重要的环节。认真做好成本核算工作，对于加强成本管理，促进增产节约，发展企业生产都有着重要的作用，具体可表现在以下几个方面。

（1）通过项目成本核算，将各项生产费用按照它的用途和一定程序，直接计入或分配计入各项工程，正确算出各项工程的实际成本，将它与预算成本进行比较，可以检查预算成本的执行情况。

（2）通过项目成本核算，可以及时反映施工过程中人力、物力、财力的耗费，检查人工费、材料费、机械使用费、措施费用的耗用情况和间接费用定额的执行情况，挖掘降低工程成本的潜力，节约活劳动和物化劳动。

（3）通过项目成本核算，可以计算施工企业各个施工单位的经济效益和各项承包工程合同的盈亏，分清各个单位的成本责任，在企业内部实行经济责任制，以便于学先进、找差距，开展社会主义竞赛。

（4）通过项目成本核算，可以为各种不同类型的工程积累经济技术资料，为修订预算定额、施工定额提供依据。管理企业离不开成本核算，但成本核算不是目的，而是管好企业的一个经济手段。离开管理去讲成本核算，成本核算也就失去了它应有的重要性。

项目实际成本与计划目标对比分析表见表 4-1。

表 4-1　　　　　　　　项目实际成本与计划目标对比分析表

项目名称	实际成本	目标成本	节约金额	超额利润点	说明
泥工					
木工					
钢筋					
脚手架					
水电					
油漆					
防水					

项目名称	实际成本	目标成本	节约金额	超额利润点	说明
装修					
土方					
植筋					
烟道					
电渣压力焊					
钢爬梯					
杂工及其他未预见项目					

七、成本分析

施工成本分析是在成本形成过程中，对施工项目成本进行的对比评价和总结工作。施工成本分析是在成本形成过程中，对施工项目成本进行的对比评价和总结工作。施工成本分析贯串于施工成本管理的全过程，其是在成本的形成过程中，主要利用施工项目的成本核算资料（成本信息），与目标成本、预算成本以及类似的施工项目的实际成本等进行比较，了解成本的变动情况，同时也要分析主要技术经济指标对成本的影响。

1. 成本分析基本方法

（1）比较法。比较法又称指标对比分析法，就是通过技术经济指标的对比，检查目标的完成情况，分析产生差异的原因，进而挖掘内部潜力的方法。具有通俗易懂、简单易行、便于掌握的特点，因而得到了广泛的应用，但在应用时必须注意各技术经济指标的可比性。比较法的应用，通常有下列形式。

1）将实际指标与目标指标对比。以此检查目标完成情况，分析影响目标完成的积极因素和消极因素，以便及时采取措施，保证成本目标的实现。在进行实际指标与目标指标对比时，还应注意目标本身有无问题。如果目标本身出现问题，则应调整目标，重新正确评价实际工作的成绩。

2）本期实际指标与上期实际指标对比。通过这种对比，可以看出各项技术经济指标的变动情况，反映施工管理水平的提高程度。

3）与本行业平均水平、先进水平对比。通过这种对比，可以反映本项目的技术管理和经济管理与行业的平均水平和先进水平的差距，进而采取措施赶超先进水平。

（2）因素分析法。因素分析法又称连环置换法，用来分析各种因素对成本的影响程度。在进行分析时，首先要假定众多因素中的一个因素发生了变化，而其他因素则不变，然后逐个替换，分别比较其计算结果，以确定各个因素的变化对成本的影响程度。因素分析法的计算步骤如下：

1）确定分析对象，并计算出实际数与目标数的差异；

2）确定该指标是由哪几个因素组成的，并按其相互关系进行排序；

3）以目标数为基础，将各因素的目标数相乘，作为分析替代的基数；

4）将各个因素的实际数按照上面的排列顺序进行替换计算，并将替换后的实际数保留下来；

5）将每次替换计算所得的结果，与前一次的计算结果相比较，两者的差异即为该因素对成本的影响程度；

6）各个因素的影响程度之和，应与分析对象的总差异相等。

（3）差额计算法。差额计算法是因素分析法的一种简化形式，它利用各个因素的目标值与实际值的差额来计算其对成本的影响程度。

（4）比率法。比率法是指用两个以上的指标的比例进行分析的方法。它的基本特点是：先把对比分析的数值变成相对数，再观察其相互之间的关系。常用的比率法有以下几种。

1）相关比率法。由于项目经济活动的各个方面是相互联系，相互依存，又相互影响的，因而可以将两个性质不同而又相关的指标加以对比，求出比率，并以此来考查经营成果的好坏。例如，产值和工资是两个不同的概念，但它们的关系又是投入与产出的关系。在一般情况下，都希望以最少的工资支出完成最大的产值。因此，用产值工资率指标来考核人工费的支出水平，就很能说明问题。

2）构成比率法。构成比例法又称比重分析法或结构对比分析法。通过构成比率，可以考查成本总量的构成情况及各成本项目占成本总量的比重，同时也可看出量、本、利的比例关系（预算成本、实际成本和降低成本的比例关系），从而为寻求降低成本的途径指明方向。

3）动态比率法。动态比率法就是将同类指标不同时期的数值进行对比，求出比率，以分析该项指标的发展方向和发展速度。动态比率的计算，通常采用基期指数和环比指数两种方法。

2. 综合成本分析方法

综合成本分析主要包括如下几个方面。

（1）分布分项成本分析。

（2）月、季度成本分析。

（3）年度成本分析。

（4）竣工成本的综合分析。

八、成本考核

施工成本考核是指在施工项目完成后，对施工项目成本形成中的各责任者，按施工项目成本目标责任制的有关规定，将成本的实际指标与计划、定额、预算进行对比和考核，评定施工项目成本计划的完成情况和各责任者的业绩，并以此给以相应的奖励和处罚。

施工成本考核是衡量成本降低的实际成果，也是对成本指标完成情况的总结和评价。

以施工成本降低额和施工成本降低率作为成本考核的主要指标，成本考核也可分别考核组织管理层和项目经理部。

第四节　造价信息化管理

一、大数据与云计算

大数据（Big Data）又称巨量资料，是指需要新处理模式才能具有更强的决策力、洞察力和流程优化能力的海量、高增长率和多样化的信息资产。"大数据"概念最早由维克托·迈尔·舍恩伯格和肯尼斯·库克耶在编写《大数据时代》中提出，是指不用随机分析法（抽样调查）的捷径，而是采用所有数据进行分析处理。大数据有

"4V"特点，即 Volume（大量）、Velocity（高速）、Variety（多样）、Value（价值）。

云计算（Cloud Computing），是一种基于互联网的计算方式，通过这种方式，共享的软硬件资源和信息可以按需求提供给计算机和其他设备。云是网络、互联网的一种比喻说法。过去在图中往往用云来表示电信网，后来也用来表示互联网和底层基础设施的抽象化。云计算描述了一种基于互联网的新的 IT 服务增加、使用和交付模式，通常涉及通过互联网来提供动态易扩展而且经常是虚拟化的资源，它意味着计算能力也可作为一种商品通过互联网进行流通。

从技术上看，大数据与云计算的关系就像一枚硬币的正反面一样密不可分。大数据必然无法用单台的计算机进行处理，必须采用分布式架构。它的特色在于对海量数据进行分布式数据挖掘，但它必须依托云计算的分布式处理、分布式数据库和云存储、虚拟化技术。大数据分析常和云计算联系到一起，因为实时的大型数据集分析需要像 MapReduce 一样的框架来向数十、数百或甚至数千的计算机分配工作。

二、大数据在造价行业的应用

1. 造价业应用大数据的必要性

"大数据在建设行业的应用，有望帮助建设行业提速 20 年"，这是曾经有人对大数据在建设行业应用的断言。但是，这并不夸张，厘清大数据概念很有必要，一些人言必谈大数据，却往往不得要领，有的是务虚空谈，这易陷入误区和盲区，如盲人骑瞎马。必须树立大数据为人服务的理念，并且要实现跨界应用，要有宏观的思维，不能局限于某一领域。

2. 造价行业数据

造价属于细分的子行业，小众化，但它是数据源，且呈爆炸式增长，以它为中心点可以连接各个行业，凡基建必涉造价，不管是房屋建设还是交通基础设施建设，它甚至于与所有行业都有相关性。

大数据技术是造价控制的全新的业务模式，将淘汰、颠覆或终结传统的落后僵化低效之造价管理方式。

造价业本身产生海量数据，每时每刻都产生不计其数的数据，包括价格信息、造价信息、工程信息等基础性数据和实时性信息，但信息互锁，并没有实现开放、关联、融合、共享，它们需要通过大数据技术组织起来。

3. 信息价的局限性

我国各地方的造价站所发布的信息都是属于浅层次的局部数据的数据收集、整理，同时缺乏有深度、有高附加值的信息，如行业发展趋势的分析和预测、典型工程间的纵向分析和横向对比等。

以人材机价格信息为例，各省级地级市都发布人材机价格信息。信息价是政府造价主管部门根据各类典型工程材料用量和社会供货量，通过市场调研经过加权平均计算得到的平均价格，属于社会平均价格、标准价格，具有一定的权威性，往往是用来验证计价准确性的依据，但其本身的真实性一直受到质疑。其实质仍不是真正的市场价格，而是政府认定的价格。并且，这也有滞后性，而不是即时动态真实反映市场行情与走势。一般以当地供应商为主，并不是面向全国的，但施工单位采购并不一定只限于当地，市场是开放的、流动的、自由的。

其次是厂家报价的真实性问题，正因为市场封闭割裂，厂家虚报价格才成为可能，虚报是由于信息不对称诱导的。厂家报价动辄翻番，水分太多，它不是按成交价报价，价格误导造价，但它同样面临风险：价格太高导致无人问津失去潜在买主。如果有大市场概念和应用大数据工具，整个市场所有商品价格都将透明化，虚报价格则变得没有意义。

4. 获取价格信息渠道狭窄

造价人员获取价格信息的渠道单一狭窄，除了政府权威公布的信息价之外，有些单位购买信息提供商的服务，价格信息比政府发布的信息价更丰富、更全面、更真实，但仍然是远远不够的，因为它依然是小数据而没有大数据概念。更不可思议的是现在还有些造价人员仍然通过查询信息价期刊和打电话等传统方式询价，但别无选择，大数据对他们来说太陌生太遥远，已与时代渐行渐远。

数据只有在传递、交换、共享中才能增值，孤立的数据没有价值或价值有限。

5. 造价数据积累方式原始

历史工程积累的造价指标包括细分的含量指标，其具有极高的投资决策、工程预测与成本分析意义，但没有对它进行结构化、系统化存储而不能充分发挥其参考作用。对设计者来说，这些类似工程的造价指数也为设计方案与选优化提供样本参考。

BIM本质上是小数据，它是以一栋建筑或工程项目为单位。只有把所有的BIM集成，才能形成BIM大数据，实现数据的互联互通。

造价人员停留在依靠人的经验积累、表格化存储，造价公司和造价从业人员积累的历史数据、经验数据、造价指标数据都是原始存储状态，没能很好地组织起来，它们或被束之高阁，或散落在各处，或杂乱无章，或找不到踪迹，或如历史的尘埃。没有对其进行编码和存储，更没有进行数据分析和数据挖掘，数据不能得到再利用。

所有数据之间缺乏关联和组织，它们之间相互割裂，"老死不相往来"。只有应用大数据技术才能把这些海量数据进行处理，把分散的信息集成，对大数据进行分析，找出规律，提取有用数据。

三、造价管理信息化

1. 现状

现阶段造价管理信息化工作，主要存在两个方面的问题，第一个方面是涉及范围较单一，更多的是关注工程外部信息，即政策法规、材料价格、造价指数、计价依据及其配套文件方面，或多或少地忽略了对工程造价全过程控制的信息管理，当然这主要是由部门职能所决定的。第二个方面是坐而论道多，起而行之少，为信息化而信息化，建立了不少信息平台，发布多，应用少，缺少能够真正为市场各方主体带来利益的实际应用。而信息的最大特点是流动性和实用性，只有在实际使用过程中进行互通、共享、应用，信息才具有生命力，对信息的使用会推动行业发展；反之，行业的发展将完善信息质量和范围，这种相互推动将使信息化进入一个良性循环的发展。同时，应加强各行政主管部门的联动，对信息进行整合共享，走出信息孤岛的困境；要深入市场进行调研，了解各方主体对于造价过程中信息的需求，探究为各方主体提供服务的解决思路；要随时关注市场信息的变化，跟踪、发布相关信息，为建筑市场服务。

为了达到工程造价管理信息化的目标，提高管理决策的效率和水平，提供工程造价管理的目标及经营活动的服务支持，实现工程造价管理整体协调发展，必须将应用信息技术、建设工程造价信息系统和网络、工程造价信息资源开发利用和工程造价管理转变、业务流程这几方面内容列入工程造价管理信息化系统；由于工程造价管理信息化建设是一个循序渐进、不断完善的过程，工程造价管理信息化的范围不能局限于概预算软件系统、建设工程材料价格信息系统等单一软件，也不只是局限于本单位的信息管理系统，而是应该从工程造价管理活动的全过程所涉及的各种业务范围、从发展的角度审视未来的业务范畴，从建设市场发展和建设工程项目管理的不同主体的角度来确定业务范围。

2. 工程造价资料积累

（1）建立标准，统一格式。工程造价资料的积累包括"量"（如主要工程量、人工工日量、材料量、机械台班量等）和"价"，还包括对工程造价有重要影响的技术经济条件，如工程概况、建设条件等。积极推广使用计算机建立工程造价资料数据库，开发通用的工程造价资料管理程序，设计出一套科学、系统的编码体系，把同类工程合并在一个数据库文件中，不同类型的工程有不同的数据库文件。有了统一的工程分类和相应的编码之后，就可以进行数据采集、整理和输入工作，从而得到不同层次的、具有严格标准和规范的造价资料数据库。

数据积累必须建立统一的标准，才能使数据具有可比性，才能衡量数据的质量，才能对数据进行综合分析计算，这其中包括工程数据的分类工作、工程资料的标准化描述、工程数据的统一格式、指标数据的统一格式，等等。我处于编制指标之初，就建立了工程特征标准表格，工程造价分析、工程量分析、人材机消耗量分析的标准格式，使收集到的数据形成统一的格式，便于各种比较分析，加权计算的处理。

（2）依托职能，多途径收集。行政职能是工程数据收集最直接的手段，在对行业进行监管的同时，积极收集基础数据；积极建立健全备案制度，扩展收集渠道；联合其他管理部门，协同收集；与行业协会合作，考量企业行为同时进行资料的收集。

（3）与社会单位合作，提高数据处理效率。典型工程数据收集之后的处理，关系到其最终的使用效率，因此做好工程资料的数字化以及初步筛选分析，工程数据的积累才能具有真正的意义。以目前造价管理部门的编制和职能，都不具备处理大量基础数据的能力。为此，我处与咨询单位及计算机公司合作，进行基础数据的数字化工作，通过编制指标，将这项工作形成应用成果，推进数据收集的进行。

四、工程造价管理信息化的几项主要工作

工程造价管理信息化是一个长期过程，涉及行业多、技术复杂、过程长，应本着统筹规划、突出重点、分步实施、务求实效的原则，从实际出发，由点到面，从易到难，从简单到复杂，循序渐进地开展信息化工作。根据我国实际情况，工程造价管理信息化可从以下几个方面入手。

（1）制订和完善工程造价信息化建设标准体系。在尚未建立统一的标准体系、工程造价信息分类编码体系情况下，参与造价管理的各个行业、部门很难协作，大规模的系统开发、应用无法实施。因此，对照有关信息化技术标准体系，建立统一、权威、规范的工程造价信息标准体系，是工程造价管理信息化最急迫，也是最重要的一项工作。

（2）制订工程造价管理信息化的总体规划。工程造价管理信息化是建设领域信息化的重要组成部分。制订工程造价管理信息化的总体规划和总体目标，按照总体规划的要求，分阶段、分层次加快信息化基础设施建设。在制订规划时应明确工程造价管理信息化建设的主要指标体系，包括技术指标、信息管理系统运行指标、维护指标和从事信息管理相关人员资质等，便于分解落实。

（3）建立工程造价管理信息基础网络平台。网络平台是信息传输、共享的基础，首先，可先建立内部网络，实现办公自动化，提

高工作效率。然后，利用虚拟专网或国际互联网，构建覆盖全国的造价专业网络，将零散分布的信息资源连接起来，实现全国范围造价信息交流与资源共享。

（4）充实完善工程造价信息资源数据库。不少造价管理单位已经建立了一些工程造价信息资源库，但往往只是一些原始数据的积累，还没有进行深度加工整理，信息利用的效率和层次都较低，其中的价值还有待开发和利用。

在整合原有资源的同时，把信息库的范围扩展到建设领域的相关信息资源，丰富工程造价信息库内容，提升整个工程造价信息数据库的层次，同时提高工程造价信息资源的管理质量，更好地满足不同层次的工程造价信息用户的需求。

（5）加强工程造价管理信息化培训工作。工程造价管理信息化同其他任何工作一样，人是决定性的因素。实现工程造价管理信息化，迫切需要培养造就一大批既懂信息技术，又懂工程造价业务的人才。要建立相应的机制，采取多种有效形式，解决信息化过程中信息人才短缺的问题。对现有工程造价管理人员加强信息化知识培训，同时，引进一些短时间内难以培养的高级人才，以满足工程造价管理信息化建设的需要。

（6）开发工程造价信息市场。工程造价信息市场是工程造价信息事业生存、发展和繁荣的条件与基础，通过造价信息市场，工程造价信息生产者、提供者为需求者提供各种专业信息服务，通过市场机制，优化资源配置，降低信息服务成本，提高服务质量，加快工程造价信息服务的专业化、社会化进程。

五、工程造价管理前景展望

随着信息技术的日新月异，工程造价的传统管理方式已经跟不上时代的发展。工程造价管理信息化作为建设领域信息化的一个重要组成部分，将在工程造价管理活动中发挥重要作用，成为工程造价管理活动的一个重要支撑，并主导未来工程造价管理活动的发展方向。

从目前国家制订的各种招投标管理办法、建设项目管理办法，以及建筑市场日益激烈的竞争现实来看，建筑业是一个微利行业，企业要想生存和发展，必须从加强管理入手，作为施工企业，更多的是要加强建设项目的责任成本管理，通过工程实践过程中收集的工程造价资料，建立适宜于本企业的、具有本企业自身特点的内部价格体系，并建立核心施工力量，以在激烈的市场竞争中立于不败之地。

附　　录

附录A　关于建筑业营业税改征增值税调整
北京市建设工程计价依据的实施意见
京建发〔2016〕116号

一、实施时间及适用范围

（一）执行《建设工程工程量清单计价规范》、北京市《房屋修缮工程工程量清单计价规范》（以下简称"清单计价规范"）和（或）2012年《北京市建设工程计价依据——预算定额》、2012年《北京市房屋修缮工程计价依据——预算定额》、2014年《北京市城市轨道交通运营改造工程计价依据——预算定额》及配套定额（以下简称"预算定额"）的工程，按以下规定执行：

1. 凡在北京市行政区域内且《建筑工程施工许可证》注明的合同开工日期或未取得《建筑工程施工许可证》的建筑工程承包合同注明的开工日期（以下简称"开工日期"）在2016年5月1日（含）后的房屋建筑和市政基础设施工程（以下简称"建筑工程"），应按本实施意见执行。

2. 开工日期在2016年4月30日前的建筑工程，在符合《关于全面推开营业税改征增值税试点的通知》（财税〔2016〕36号）等财税文件规定前提下，参照原合同价或"营改增"前的计价依据执行。

（二）执行2001年《北京市建设工程预算定额》、2005年《北京市房屋修缮工程预算定额》及配套定额且开工日期在2016年4月30日前的建筑工程，可按原合同价或"营改增"前的计价依据执行。

（三）按2004年《北京市建设工程概算定额》及配套定额编制设计概算的建筑工程，按"营改增"前的计价依据执行。

二、实施依据

（一）《关于做好建筑业"营改增"建设工程计价依据调整准备工作的通知》（建办标〔2016〕4号）。

（二）《关于全面推开营业税改征增值税试点的通知》（财税

〔2016〕36号）。

（三）《营业税改征增值税试点方案》（财税〔2011〕110号）、《关于简并增值税征收率政策的通知》（财税〔2014〕57号）等。

（四）现行计价依据，包括清单计价规范、预算定额、造价管理办法等。

（五）其他有关资料。

三、费用组成内容

（一）"营改增"后建筑安装工程费用项目的组成内容除本办法另有规定外，均与预算定额的内容一致。

（二）企业管理费包括预算定额的原组成内容，城市维护建设税、教育费附加以及地方教育附加，"营改增"增加的管理费用等。

（三）建筑安装工程费用的税金是指国家税法规定应计入建筑安装工程造价内的增值税销项税额。

四、其他有关说明

（一）预算定额的调整内容是根据"营改增"调整依据的规定和要求等修订完成的，不改变清单计价规范和预算定额的作用、适用范围及费用计价程序等。预算定额依据"价税分离"计价规则调整的相关内容详见附录B。

（二）2012年《北京市房屋修缮工程计价依据——预算定额》古建筑工程各费用项目的计费基数均做调整，调整的计费基数详见附件。

（三）预算定额的调整内容对应定额编制期的除税价格及费率。

（四）建筑业"营改增"后，工程造价按"价税分离"计价规则计算，具体要素价格适用增值税税率执行财税部门的相关规定。税前工程造价为人工费、材料费、施工机具使用费、企业管理费、利润和规费之和，各费用项目均以不包含增值税（可抵扣进项税额）的价格计算。

（五）建筑业"营改增"后建设工程发承包及实施阶段的计价活动，适用一般计税方法计税的建筑工程执行"价税分离"计价规则；选择适用简易计税方法计税的建筑工程参照原合同价或"营改增"前的计价依据执行，并执行财税部门的规定。

（六）材料（设备）暂估价、确认价均应为除税单价，结算价格差额只计取税金。专业工程暂估价应为"营改增"后的工程造价。

（七）总承包工程合同项下的专业分包工程、材料（设备）按照总承包工程合同的计价规则执行。专业承包工程合同项下材料（设备）按照专业承包工程合同的计价规则执行。

（八）风险幅度确定原则：风险幅度均以材料（设备）、施工机具台班等对应除税单价为依据计算。

（九）《北京工程造价信息》（"营改增"版）中的除税材料（设备）市场信息价格，包括除税的材料（设备）原价、运杂费、运输损耗费和采购及保管费。

五、现行造价管理办法中与本实施意见内容不一致的地方，以本实施意见为准。

六、本实施意见自发布之日起执行，尚未开标且不能在 2016 年 4 月 30 日前完成合同签订的依法进行招标的项目，招标文件及招标控制价编制均应按本实施意见要求执行。

附录 B　建筑业"营改增"建设工程计价依据调整表

一、以"元"为单位的要素价格

	项目名称	单位	调整方法
840027	摊销材料费	元	以各定额子目的数量为基数×89.3%
840028	租赁材料费	元	以各定额子目的数量为基数×90.7%
840004	其他材料费	元	以各定额子目的数量为基数×96.6%
840016	机械费	元	以各定额子目的数量为基数×94.7%
840023	其他机具费	元	以各定额子目的数量为基数×94.7%
888810	中小型机械费	元	以各定额子目的数量为基数×94.7%
	03 通用安装工程第一册第 573 页：金属桅杆及人字架等一般起重机具的摊销费	元	按所安装设备净重量（包括设备底座、辅机）计算，按 11.36 元/吨计取，列入措施项目费用中

说明：调整系数适用 2012 年《北京市建设工程计价依据——预算定额》、2012 年《北京市房屋修缮工程计价依据——预算定额》、2014 年《北京市城市轨道交通运营改造工程计价依据——预算定额》中对应编码的要素数量调整。

二、2012年《北京市建设工程计价依据——预算定额》
01 房屋建筑与装饰工程

1. 安全文明施工费

项目名称	建筑装饰工程						钢结构工程		其他工程	
	建筑面积/m²						五环路以内	五环路以外	五环路以内	五环路以外
	20 000以内		50 000以内		50 000以外					
	五环路以内	五环路以外	五环路以内	五环路以外	五环路以内	五环路以外				
计费基数	以第一章至第十七章的相应部分除税预算价为基数（不得重复）计算									
费率（%）	5.54	4.93	5.35	4.75	4.88	4.47	4.02	3.73	3.69	3.63
其中 环境保护(%)	1.23	1.2	1.2	1.16	1.17	1.15	1.07	1.05	0.98	0.96
文明施工(%)	0.69	0.66	0.66	0.64	0.64	0.62	0.53	0.49	0.49	0.47
安全施工(%)	1.33	1.18	1.27	1.13	1.11	1.1	1.02	1.01	0.93	0.92
临时设施(%)	2.29	1.89	2.22	1.82	1.96	1.60	1.4	1.18	1.29	1.28

2. 企业管理费

序号	项目名称			计费基数	企业管理费率（%）	其中	
						现场管理费率（%）	其中：工程质量检测费率（%）
1	单层建筑	厂房	跨度18m以内	除税预算价	8.74	3.75	0.45
2			跨度18m以外		9.94	4.17	0.47
3		其他			8.40	3.45	0.43
4	住宅建筑	檐高/m	25以下		8.88	3.62	0.46
5			45以下		9.69	3.88	0.47
6			80以下		9.90	4.09	0.48
7			80以上		10.01	4.23	0.50
8	公共建筑		25以下		9.25	3.73	0.46
9			45以下		10.38	4.25	0.48
10			80以下		10.76	4.54	0.50
11			120以下		10.92	4.71	0.51
12			200以下		10.96	4.84	0.52
13			200以上		10.99	4.96	0.52

续表

序号	项目名称	计费基数	企业管理费率（%）	其中	
				现场管理费率（%）	其中：工程质量检测费率（%）
14	钢结构	除税预算价	3.81	1.54	
15	独立土石方		7.10	2.63	
16	施工降水		6.74	2.67	
17	边坡支护及桩基础		6.98	2.82	

02 仿古建筑工程

1. 安全文明施工费

项目名称	仿古建筑工程	
	五环以内	五环以外
计费基数	以第一章至第十章的相应部分除税预算价为基数（不得重复）计算	
费率（%）	5.48	4.78
其中 环境保护（%）	1.24	1.13
文明施工（%）	0.70	0.47
安全施工（%）	1.52	1.26
临时设施（%）	2.02	1.92

2. 企业管理费

序号	项目名称	计费基数	企业管理费率（%）	其中
				现场管理费率（%）
1	仿古建筑工程	除税预算价	10.12	4.12

03 通用安装工程

1. 工程调试费

项目名称	费率
采暖系统调试费	采暖系统调试费按采暖工程人工费的13.8%计取，其中人工费占26%
空调水工程系统调试费	空调水工程系统调试费，按空调水工程人工费的13.8%计取，其中人工费占26%
通风空调工程系统调试费	通风空调工程系统调试费，按系统人工费的13.8%计取，其中人工费占26%

2. 脚手架使用费

项目名称	费率
第一册 机械设备安装工程	脚手架使用费按下列系数计算: (1) 第一章"起重设备安装"、第二章"起重机轨道安装"脚手架使用费按定额人工费的 7.74% 计算,其中人工费占 36.18% (2) 电梯脚手架使用费: 电梯载重量≤1500kg,井道高度≤50m 时:5.78%,其中人工费占 25.97% 电梯载重量≤1500kg,井道高度>50m 时:9.24%,其中人工费占 25.97% 电梯载重量>1500kg 所增加的脚手架费用另行计算 (3) 除第一、二、四章外,脚手架使用费按人工费的 4.81% 计算,其中人工费占 25.97%
第二册 热力设备安装工程	脚手架使用费按下列系数计算: (1) 第一章至第七章按人工费的 9.63% 计算,其中人工费占 25.97% (2) 第八章按人工费的 4.81% 计算,其中人工费占 25.97%
第三册 静置设备与工艺金属结构制作安装工程	(1) 静置设备制作,脚手架使用费按人工费的 4.81% 计算,其中人工费占 25.97% (2) 除静置设备制作工程以外,本定额其他项目脚手架使用费按人工费的 9.63% 计算,其中人工费占 25.97%
第四册 电气设备安装工程	(1) 脚手架使用费按人工费的 4.81% 计算,其中人工费占 25.97% (2) 对单独承担的室外埋地敷设电缆、架空配电线路和路灯工程,不计取脚手架使用费
第五册建筑智能化工程 第六册自动化控制仪表安装工程 第七册通风空调工程 第八册工业管道工程 第九册消防工程 第十册给排水 采暖 燃气工程 第十一册通信设备及线路工程	(1) 脚手架使用费按人工费的 4.81% 计算,其中人工费占 25.97% (2) 第八册《工业管道工程》和第十册《给排水 采暖 燃气工程》,对单独承担的埋地管道工程,不计取脚手架使用费 第十一册《通信设备及线路工程》,室外通信工程项目不计取脚手架使用费
第十二册 刷油 防腐蚀 绝热工程	脚手架使用费按下列系数计算: (1) 刷油工程:按人工费的 7.70% 计算,其中人工费占 25.97% (2) 防腐蚀工程:按人工费的 11.55% 计算,其中人工费占 25.97% (3) 绝热工程:按人工费的 19.25% 计算,其中人工费占 25.97%

3. 安装与生产同时进行增加费

项目名称	费率
安装与生产同时进行增加费	按人工费的 9.60％ 计算；其中人工费占安装与生产同时进行增加费的 20.83％

4. 在有害身体健康的环境中施工增加费

项目名称	费率
在有害身体健康的环境中施工增加费	按人工费的 9.53％ 计算；其中人工费占在有害身体健康环境中施工增加费的 5.25％

5. 安全文明施工费

项目名称		通用安装工程：第1～4册、6～12册		通用安装工程：第5册	
		五环以内	五环以外	五环以内	五环以外
计费基数		人工费			
费率（％）		20.86	18.20	15.74	13.74
其中	环境保护(％)	2.93	2.65	2.14	2.00
	文明施工(％)	6.39	5.64	4.92	4.28
	安全施工(％)	7.13	6.31	5.36	4.65
	临时设施(％)	4.40	3.60	3.32	2.82

说明：安全文明施工费按以上标准计取，其中人工费占安全文明施工费的 10.47％。

6. 企业管理费

序号	项目名称			计费基数	企业管理费率（％）	其中
						现场管理费率（％）
1	住宅建筑	檐高/m	25 以下	人工费	60.30	25.32
2			45 以下		65.27	28.08
3			80 以下		66.84	29.46
4			80 以上		67.99	30.64
5	公共建筑		25 以下		62.29	26.36
6			45 以下		67.38	29.17

序号	项目名称			计费基数	企业管理费率（%）	其中
						现场管理费率（%）
7	公共建筑	檐高/m	80 以下	人工费	69.32	30.72
8			120 以下		70.82	32.07
9			200 以下		72.22	33.43
10			200 以上		73.54	34.79
11	其他				65.37	27.37

04 市政工程

1. 安全文明施工费

项目名称	道路工程		桥梁工程		管道工程	
	五环路以内	五环路以外	五环路以内	五环路以外	五环路以内	五环路以外
计费基数	除税预算价					
费率（%）	5.87	5.22	6.28	5.67	6.07	5.47
其中 环境保护（%）	1.32	1.10	1.43	1.27	1.33	0.95
文明施工（%）	0.93	0.77	1.03	0.96	1.01	1.62
安全施工（%）	1.39	1.31	1.42	1.36	1.40	1.12
临时设施（%）	2.22	2.04	2.40	2.08	2.33	1.78

2. 企业管理费

序号	项目名称		计费基数	企业管理费率（%）	其中
					现场管理费率（%）
1	道路、桥梁工程	道路	除税预算价	9.33	3.93
2		桥梁		9.40	3.96
3	管道工程	给水		7.37	3.18
4		排水		9.32	3.90
5		燃气、热力		8.29	3.51

05　园林绿化工程

1. 安全文明施工费

项目名称		绿化工程		庭园工程	
		五环路以内	五环路以外	五环路以内	五环路以外
计费基数		人工费		除税预算价	
费率（%）		8.67	6.32	5.18	4.31
其中	环境保护（%）	2.17	1.40	1.24	1.03
	文明施工（%）	1.48	1.01	0.80	0.66
	安全施工（%）	1.82	1.27	1.19	1.00
	临时设施（%）	3.20	2.64	1.95	1.62

2. 企业管理费

序号	项目名称	计费基数	企业管理费率（%）	其中
				现场管理费率（%）
1	绿化工程	人工费	27.04	11.46
2	庭园工程	除税预算价	8.37	3.33

06　构筑物工程

1. 安全文明施工费

项目名称		构筑物	
		五环路以内	五环路以外
计费基数		以第一章至第三章的相应部分除税预算价为基数（不得重复）计算	
费率（%）		4.31	3.75
其中	环境保护（%）	1.12	1.06
	文明施工（%）	0.58	0.56
	安全施工（%）	1.13	1.06
	临时设施（%）	1.48	1.07

2. 企业管理费

序号	项目名称		计费基数	企业管理费率（%）	其中：现场管理费率（%）
1	构筑物	烟囱、水塔、储仓（库）	除税预算价	9.80	4.16
2		池类		8.83	3.58
3		其他		8.37	3.32

07 城市轨道交通工程
土建、轨道工程

1. 安全文明施工费

项目名称	地上工程		地下明挖工程		地下盖挖、暗挖工程		盾构工程		轨道工程	
	五环路以内	五环路以外	五环路以内	五环路以外	五环路以内	五环路以外	五环路以内	五环路以外	五环路以内	五环路以外
计费基数	除税预算价									
费率（%）	6.29	5.94	6.47	6.01	6.12	5.81	6.09	5.58	5.00	4.84
其中 环境保护（%）	1.46	1.39	1.35	1.31	1.25	1.14	1.32	1.18	1.26	1.25
文明施工（%）	1.02	0.92	1.16	0.99	0.98	0.95	1.04	0.90	0.59	0.58
安全施工（%）	1.54	1.52	1.64	1.60	1.71	1.65	1.59	1.50	1.56	1.53
临时设施（%）	2.27	2.11	2.32	2.11	2.18	2.07	2.14	2.00	1.59	1.47

2. 企业管理费

序号	项目名称		计费基数	企业管理费率（%）	其中 现场管理费率（%）
1	地下工程	明挖	除税预算价	8.56	3.40
2		盖挖、暗挖		9.02	3.55
3		盾构		8.08	3.05
4	地上工程			9.06	3.55
5	轨道工程			5.51	2.15

08 供电、通信信号、智能机电工程

1. 安全文明施工费

项目名称		通信、信号工程	供电工程	智能与控制系统、机电工程
计费基数		人工费		
费率（%）		22.61	22.96	22.74
其中	环境保护(%)	3.11	3.02	3.18
	文明施工(%)	7.23	7.02	6.97
	安全施工(%)	7.51	7.30	7.78
	临时设施(%)	4.76	4.62	4.81

2. 企业管理费

序号	项目名称		计费基数	企业管理费率（%）	其中：现场管理费率（%）
1	通信、信号工程		人工费	63.21	27.12
2	供电工程			66.95	28.65
3	智能与控制系统、机电工程	智能与控制系统工程		65.19	27.87
		机电工程		66.30	28.43

三、2012 年《北京市房屋修缮工程计价依据——预算定额》

01 土建工程

1. 工程水电费

序号	项目名称	计费基数	费率（%）
1	土建工程	除税直接工程费	0.80

2. 其他措施费

序号	项目名称	取费基数	费率（%）	其中：人工费占比（%）
1	安全文明施工费		1.00	54
2	夜间施工费		0.48	44
3	二次搬运费		1.52	91
4	冬雨期施工费		0.82	54
5	临时设施费		1.80	28
6	施工困难增加费		0.52	64
7	原有建筑物、设备、陈设、高级装修及文物保护费	除税直接工程费	0.50	33
8	高台建筑增加费（高在2m以上）		0.50	78
9	高台建筑增加费（高在5m以上）		0.72	78
10	超高增加费（高在25~45m）		0.50	78
11	超高增加费（高在45m以上）		0.72	78
12	施工排水、降水费		0.55	49

3. 企业管理费

序号	项目名称	计费基数	企业管理费率（%）	其中	
				现场管理费率（%）	工程质量检测费率（%）
1	土建工程	除税直接费	16.26	6.85	0.43

02 古建筑工程

1. 工程水电费

序号	项目名称	计费基数	费率（%）
1	古建筑工程	人工费	1.30

2. 其他措施费

序号	项目名称	取费基数	费率（%）	其中：人工费占比（%）
1	安全文明施工费		2.80	54
2	夜间施工费		1.34	44
3	二次搬运费		4.62	91
4	冬雨季施工费		2.50	54
5	临时设施费		5.43	28
6	施工困难增加费		1.37	64
7	原有建筑物、设备、陈设、高级装修及文物保护费	人工费	1.37	33
8	高台建筑增加费（高在2m以上）		1.57	78
9	高台建筑增加费（高在5m以上）		2.15	78
10	超高增加费（高在25~45m）		1.57	78
11	超高增加费（高在45m以上）		2.15	78
12	施工排水、降水费		1.66	49

3. 企业管理费

序号	项目名称	计费基数	企业管理费率（%）	其中	
				现场管理费率（%）	工程质量检测费率（%）
1	古建筑工程	人工费	37.72	16.31	0.92

4. 利润

序号	项目名称	计费基数	费率（%）
1	古建筑工程	人工费+企业管理费	13.00

03 安装工程

1. 系统调试费

序号	项目	取费基数	费率标准（%）	其中：人工费占比（%）
1	采暖、消防水、空调水工程系统调试费	单位工程人工费	14.38	30
2	通风空调工程系统调试费		13.48	30

2. 工程水电费

序号	项目名称	计费基数	费率（%）
1	安装工程	人工费	1.33

3. 其他措施费

序号	项目名称	取费基数	费率（%）	其中：人工费占比（%）
1	安全文明施工费	人工费	2.64	54
2	夜间施工费		1.41	44
3	二次搬运费		2.08	91
4	冬雨期施工费		2.21	54
5	临时设施费		4.78	28
6	施工困难增加费		1.45	64
7	原有建筑物、设备、陈设、高级装修及文物保护费		1.38	33
8	高台建筑增加费（高在2m以上）		1.25	78
9	高台建筑增加费（高在5m以上）		1.50	78
10	超高增加费（高在25～45m）		1.20	78
11	超高增加费（高在45m以上）		1.54	78
12	施工排水、降水费		1.66	49

4. 企业管理费

序号	项目名称	计费基数	企业管理费率（%）	其中：现场管理费率（%）
1	安装工程	人工费	64.56	28.10

四、2014 年《北京市城市轨道交通运营改造工程计价依据——预算定额》

01 土建、轨道工程

1. 安全文明施工费

项目名称		土建工程				轨道工程
		地上工程		地下工程		
		五环路以内	五环路以外	五环路以内	五环路以外	
计费基数		除税预算价				
费率（%）		6.10	5.81	6.47	5.77	4.92
其中	环境保护（%）	1.05	1.00	0.96	0.92	1.25
	文明施工（%）	0.83	0.76	0.94	0.80	0.59
	安全施工（%）	1.90	1.88	1.99	1.93	1.53
	临时设施（%）	2.32	2.17	2.58	2.12	1.55

2. 企业管理费

序号	项目名称		计费基数	企业管理费率（%）	其中
					现场管理费率（%）
1	土建工程	地上工程	除税预算价	12.89	5.14
2		地下工程		12.83	5.13
3	轨道工程			6.22	2.45

02 供电、通信信号、智能机电工程

1. 安全文明施工费

项目名称		通信、信号工程	供电工程	智能与控制系统、机电工程
计费基数		人工费		
费率（%）		22.61	22.96	22.74
其中	环境保护（%）	3.11	3.02	3.18
	文明施工（%）	7.23	7.02	6.97
	安全施工（%）	7.51	7.30	7.78
	临时设施（%）	4.76	4.62	4.81

2. 企业管理费

序号	项目名称		计费基数	企业管理费率（%）	其中
					现场管理费率（%）
1	通信、信号工程		人工费	63.21	27.66
2	供电工程			66.95	29.21
3	智能与控制系统机电工程	智能与控制系统工程		65.19	27.87
		机电工程		66.30	28.43

五、税金

序号	项目名称	计费基数	税率（%）
1	税金	税前工程造价	11.00

说明：税金适用 2012 年《北京市建设工程计价依据——预算定额》、2012 年《北京市房屋修缮工程计价依据——预算定额》、2014 年《北京市城市轨道交通运营改造工程计价依据——预算定额》的调整。